식
물
을 들
    이
    다

식물을 들이다

머뭇거리는
식물 초보자를 위한
꼼꼼한 안내서

최정윤

프롤로그

식물과 함께하는 일상, 지금 시작하세요

9년 전 매섭던 겨울, 아버지의 온실 속 식물과 마주했던 기억이 떠오릅니다. 뜻하지 않은 사고로 아버지를 떠나보낸 뒤 아버지의 온기가 느껴지는 식물을 그냥 둘 수 없어 하던 일을 그만두고 식물과 함께할 결심을 했어요. 바로 제 가드닝의 시작이었어요.

식물 키우기 경험이 없던 제가 많은 식물을 관리하면서 온실을 운영하는 일이 쉽지 않았어요. 아버지에게 미안하지 않게 잘 키워내겠다는 생각만으로 밤낮으로 관련 책을 보고 공부했고, 직접 화분에 식물을 심어 관리하면서 조금씩 알아가기 시작했어요.

아버지의 흔적을 지키겠다는 사명감으로 시작했던 일이었지만 함께하다 보니 애정과 애착이 생겼어요. 누군가와 연애하듯 더 알고 싶고, 좋아하는 것을 더 많이 해주고 싶어졌죠. 행여 식물이 아플 때면 저도 내내 마음이 편치 않았어요. 하지만 언제부터인가 조바심내지 말고 조용히 기다려주는 마음도 필요하다는 걸 알게 되었죠. 과한 애정이 독이 될 수 있거든요.

짧지 않은 시간 동안 식물과 함께지내면서 애정과 무관심의 중간쯤을 찾으면 좋겠다는 생각을 했습니다. 식물이 좋아하고 싫어하는 것에 대해 배워가고 사랑하는 사람과 연애하는 마음으로 생활하면 오랫동안 함께할 수 있을 거예요.

많은 식물 관련 정보를 찾아가며 공부했지만 늘 무언가 부족하게 느껴졌어요. 식물 특성에 대한 자세한 정보는 넘쳐났지만 제 경우 정말 사소한 것들이 궁금했

거든요. 책을 준비하면서 식물 키우는 분들이 궁금해할 사소한 이야기를 하려고 많이 노력했어요.

〈식물을 들이다〉는 지금 유행하는 식물보다 늘 화원에서 쉽게 볼 수 있는 친근한 식물을 담았습니다. 식물의 기본적인 관리법, 더 잘 키우기 위해 기억해야 할 것에 대해 이야기했습니다. 특히 실내에서 식물과 함께하는 경우가 많기 때문에 나의 일상 공간 속에서 오래 함께할 식물과 나에게 맞는 식물을 키우는 방법을 안내했어요. 사람과 식물이 한 공간에서 조화롭게 공존하기 위해 알아야 할 이야기를 건네려고 노력했답니다.

조금씩 성장하고 계절마다 변하는 식물을 감상하는 즐거움은 식물을 키우는 사람만이 경험하고 느끼는 큰 기쁨 중 하나일 거예요. 그런 즐거움을 맛보며 좋아하는 식물과 즐거운 가드닝을 이어가세요.

식물과 함께하는 일상을 시작하는 이유는 저마다 다를 거예요. 어느 날 화원 앞을 지나다 유난히 반짝이는 식물을 보고 마음을 빼앗겨 하나둘 데려왔던 일이 시작일 수 있고요, 누군가에게 선물 받은 화분을 키우며 그 매력에 빠질 수도 있지요. 시작도 다르고, 좋아하는 식물 종류도 다르지만 식물과 함께하는 공통분모 속에서 이 책이 즐거움을 배로 만들어주길 바랍니다.

어라운드유 가드닝 최정윤

목 차

프롤로그   4

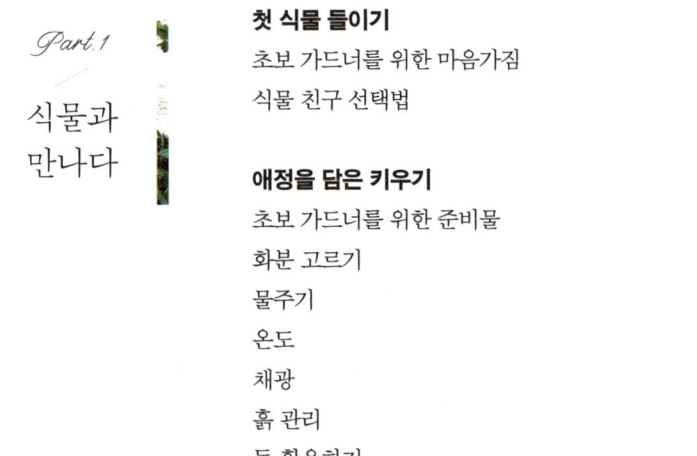

Part.1
식물과 만나다

첫 식물 들이기
초보 가드너를 위한 마음가짐   13
식물 친구 선택법   14

애정을 담은 키우기
초보 가드너를 위한 준비물   19
화분 고르기   20
물주기   22
온도   26
채광   27
흙 관리   29
돌 활용하기   33

오래 두고 키우기
분갈이하기   34
번식하기   37
지지대 잡기   39
식물을 키울 때의 응급상황   41

Part.2 푸른 기운을 들이다

아글라오네마	46
디펜바키아	50
드라세나	54
필로덴드론	58
몬스테라	62
클루시아	66
아펠란드라	70
크로톤	74
푸밀라	78
피토니아	82
페페로미아	86
마삭줄	90
고사리과 식물	94
난이도에 따른 고사리 키우기	**98**
칼라데아	102
폴리시아스	106
클레로덴드룸 톰소니에	110
식물이 처음인 분들께, 강력 추천합니다!	**114**
질리지 않는 매력, 관엽식물	**118**

Part.3 드디어 꽃을 피우다

구근식물	122
프리뮬러	126
미니장미	128
세인트폴리아	132
칼란디바	134
엘라티올 베고니아	136

레위시아	138
로단테	140
옥살리스	142
크로산드라	144
엔젤로니아	146
빈카페어리스타	148
부바르디아	150
모나라벤더	152
쿠페아	154
분화국화	156
시클라멘	158
포인세티아	162
아게라텀	166
이베리스	168
헤어날 수 없는 매력, 꽃 화분	170

Part.4 작은 나무에 꽃이 피다

보로니아	176
서양철쭉	180
서향나무	182
왁스플라워	184
개나리자스민	186
수국	188
익소라	190
란타나	192
오렌지자스민	194

Part.5 키 큰 식물을 들이다

녹보수	198
아레카야자	202
극락조화	206
고무나무	210
올리브나무	214
남천	218
아라우카리아	222
공간에 힘을 주는 식물	226

Part.6 식물을 디자인하다

모아 심기	230
관엽식물 테라리움	232
수경 화분	234
이끼 화분	236
크리스마스 센터피스	238

Part.7 공간 속에 식물을 들이다

거실	242
침실	246
욕실	250
주방	252
현관	256

카페에서 배워온 플랜테리어
식물학 · 카페모 · 광합성카페 · 리도 엘리펀트   258

Part. 1

식
물
과
 만
나
다

여러분의 일상에는 식물이 있나요? 한눈에 반해 들뜬 마음으로 데려온 화분이 금세 시들면 마음이 편하지 않습니다. 작은 생명 하나 지켜주지 못했나 싶어 다음부터는 선뜻 화원에서 예쁜 화분을 사기가 쉽지 않죠. 첫 번째 식물 친구를 만들기 위해서는 세심한 관심이 필요합니다. 오늘, 당신의 일상의 다정함을 찾아줄 식물과 만나보세요.

Planterior

첫 식물 ── 들이기

초보 가드너를 위한 마음가짐

식물을 키워보자고 마음먹고 화원에 들렀을 때 수많은 종류의 식물을 보며 고민에 빠진다. 눈에 들어오는 식물을 재빨리 마음에 담고 "키우기 쉬운 식물이 뭐예요?"라고 조심스럽게 질문한다.

  첫 눈에 반한 것과 정성껏 키우는 것은 간극이 존재한다. 키우던 식물을 떠나보낸 일은 누구나 한번 겪었을 것이다. 처음 식물을 키우는 경우, 예쁘다는 이유로 관리하기 어렵고 익숙하지 않는 식물을 선택하면 당연히 실패할 가능성이 높아진다. 얼마 지나지 않아 식물이 죽으면 미안함이 들면서 '나는 식물과 함께하면 안 되겠구나' 라며 식물 키우기를 포기하기 마련이다. 사실 관리 방법이 잘못된 경우보다 우리 집 환경과 키우는 목적이 맞지 않아서 일 가능성이 크다. 나의 식물 취향을 찾아가면서 식물과 행복한 동행을 하기 위해서 섬세한 접근이 필요하다.

  식물은 우리처럼 살아 숨 쉬는 생명체다. 어떤 식물이 예쁘다고 해서 무작정 집으로 데려올 수는 없다. 여러 가지를 고려해본 후에 신중히 결정한다. 식물을 키워본 경험이 많지 않다면 키우기 쉽고 친숙한 식물부터 함께하길 추천한다. 또한 마음에 드는 식물을 골랐다면 내가 키울 환경에서 잘 성장할 식물인지 생각해봐야 한다. 공들여 키우고 싶은 마음이 앞서도 그 식물이 건강하게 성장하기 어려운 환경이라면 실패할 확률이 높기 때문이다.

  식물도 유행이 있어 시기별로 특별하게 인기가 많은 것이 있다. 유행을 따르거나 특별해 보이는 식물을 선택하기 보다는 내가 잘 키울 수 있는지부터 따져본 뒤 정성껏 돌보며 오랫동안 함께 지내는 기쁨을 누려보자.

식물 친구 선택법

● **취향에 맞는 식물 고르기**

키우기 쉬운 식물이라고 해서, 카페에서 자주 보는 인기 식물이라고 해서 모두 내 마음을 움직이는 것은 아니다. 화원의 수많은 식물 중에서 내 마음을 끄는 식물이 있다면 용기를 내어 함께하는 즐거움을 느껴보자.

형형색색 화려한 꽃을 피우는 화초, 싱그러움을 가득 주는 관엽식물, 앙증맞은 다육식물, 개성 넘치는 향기를 내뿜는 허브, 여린 가지가 아름다운 꽃나무 등 실내 식물은 다양한 매력을 뽐낸다. 특히 생김새는 다르지만 '~과'에 포함되는 식물은 유사한 특징을 지녔으므로 관리법만 잘 알면 어렵지 않게 키울 수 있다.

푸름의 대명사
관엽식물

실내에 햇빛이 잘 들지 않거나, 세심하게 정성을 들여 키울 자신이 없다면 반음지에서도 잘 자라는 관엽식물을 추천한다. 관엽식물은 꽃보다는 잎이 화려하고 개성 넘쳐 감상 가치가 크다. 특히 이산화탄소, 미세먼지, 실내 유독 물질을 빨아들이고 음이온과 수분을 방출하는 등 공기정화 능력이 뛰어나다. 대부분의 관엽식물은 소형, 대형 등 다양한 크기로 판매되므로 우리 집에 어울릴 장소를 생각하고 선택한다.

화려한 색의 향연
꽃

아직 코끝이 싸한 초봄, 거리에서 심심찮게 보이는 꽃 화분에 마음을 빼앗긴다. 색감도 그 모양도 다양한 꽃 화분은 밋밋한 실내를 환하게 밝혀주는 보석 같은 존재다. 1주일간 짧게 피는 구근부터 사계절 피고 지는 꽃을 볼 수 있는 베고니아과나 사계국화 등 개화 시기도 다양하다. 꽃이 지고 난 뒤 줄기가 목질화되어 작은 나무로 성장하는 종도 있으니 화려한 꽃이 진 뒤의 매력까지 느껴보자.

요즘 인기 식물
다육식물

식물과 함께할 공간이 부족하고 물주기가 번거로운 사람에게는 다육식물을 추천한다. 다육식물은 작은 화분에서도 잘 자란다. 건조한 환경에서 살아남기 위해 잎과 줄기에 수분을 저장하며 진화한 다육식물은 최근 몇 년 가장 유행하는 아이템이다. 음이온 방출량이 많은 스투키, 산세베리아는 물론 선인장까지 취향에 맞게 고르자.

키친가드닝
허브

허브는 실내에 두어 푸른 기운과 향기를 불어넣고 요리할 때 다양한 음식에 활용할 수 있어 일석이조다. 대부분 햇빛을 좋아하고 통풍이 잘 되는 공간에서 잘 자란다. 바질, 로즈마리, 라벤더, 민트 등은 서양 요리의 향신료는 물론 생잎을 우려 차로 즐긴다.

● 키우는 장소의 일조량 고려하기

제각각 매력이 다른 식물은 그 모습만큼이나 선호하는 환경이 다르다. 대부분의 식물은 하루 3시간 이상의 햇빛이 필요하지만 성장을 위해 꼭 있어야 할 일조량의 정도 차이가 존재한다. 키우고자 하는 식물이 얼마큼의 햇빛을 필요로 하는지 알아두면 더 예쁘고 싱싱한 모습으로 함께할 수 있다.

꽃을 피우거나 잎의 색이 밝은 식물, 잎 위에 무늬가 있는 식물은 햇빛이 풍부한 양지를 좋아한다. 즉 햇빛을 많이 받을 때 더 아름다운 모습을 보여준다. 대부분의 관엽식물은 아침나절 또는 오후 햇빛이 드는 반그늘이나 밝은 음지에서 잘 성장한다. 반면 양치식물 종류나 잎의 색이 짙은 식물은 다소 그늘진 환경에서도 견딘다. 일조량이 다소 부족하다 싶은 장소에서도 무난하게 성장한다.

이렇듯 키우고자 하는 장소의 햇빛 드는 정도를 미리 체크한 뒤 환경에 맞는 식물을 선택한다면 실패가 없다.

● **식물 놓을 장소를 먼저 생각하기**

식물을 키울 때는 우선 그 식물을 둘 공간을 미리 고려해본다. 처음 화원에서 만났을 때의 모습보다 앞으로 성장하면서 변하는 모습, 즉 성장했을 때의 크기와 특징을 미리 체크하는 일이 무엇보다 중요하다.

유난히 성장이 빠르거나 처음에는 크기가 작았지만 성장하면서 공간을 많이 차지하는 식물, 가지가 위로 뻗으면서 자라거나 옆으로 뻗으며 자라는 식물, 줄기가 흘러내리면서 성장하는 식물도 있다.

식물의 특징을 알지 못하고 변화할 때마다 장소를 바꿔가며 키우면 식물은 큰 스트레스를 받는다. 식물이 변하는 모습을 어느 정도 알아두어 처음부터 한 공간에서 자리 잡고 건강하게 키우자.

● **적절하게 심고 관리하기**

한눈에 반한 식물을 고른 뒤에는 그 식물의 분위기와 잘 어울리는 화분에 심고 애정을 갖고 돌봐야 한다. 우선 식물의 전체적인 모습을 생각하고 적당한 크기의 화분에 옮겨 심어 알맞은 환경을 만들어준다. 식물의 현재 모습이나 앞으로 성장하는 모습에 따라 화분의 크기나 모양을 결정한다.

줄기가 늘어지거나 휘어지는 식물은 지지대를 세워 곧게 잡아준다. 무성하게 성장하는 식물은 가지치기를 해 균형을 잡아주고 항상 깔끔하게 유지시킨다. 꽃이 피는 식물은 시든 꽃과 너무 무성해진 잎을 지속적으로 잘라주며 관리한다. 그러면 올라오는 꽃이 햇빛을 충분히 받고 통풍이 원활해져 더 많은 꽃을 피운다. 이렇듯 항상 키우는 식물을 세심하게 관찰하고 식물의 성장에 맞게 관리해나가다 보면 어느덧 능숙한 가드너로 한 뼘 성장한다.

애정을 담은 ─── 키우기

초보 가드너를 위한 준비물

식물을 적절하게 분갈이하고 관리하기 위해서 가드닝 도구가 필요하다. 처음부터 모든 재료를 갖추기보다 키우면서 필요한 것을 준비한다.

모종삽 흙을 화분에 담을 때 사용하는 도구로 용도에 따라 모양이나 크기가 달라진다. 너무 무겁거나 크지 않은 모종삽이 편리하다.

원예용 가위 식물의 잎이나 줄기를 자르거나 가지치기할 때 사용한다. 일반 가위보다 크기가 작고 길이가 짧으며 끝이 뾰족하다. 너무 무겁지 않은지, 손잡이가 쥐기 편한 형태인지 확인한다.

물조리개 화분에 물을 줄 때 사용한다. 한 줄기로 물이 나오는 것과 샤워기처럼 물이 고르게 분사되는 것이 있다. 입구가 너무 넓은 것은 한번에 많은 양의 물이 나와서 겉흙이 파이므로 피한다.

분무기 잎에 물을 뿌려 공중습도를 높일 때 사용한다. 물이 고루 분사되는지 따져본다.

나무막대기 식물을 심을 때 흙을 밀어 넣는 용도로 사용한다. 또는 화분에 흙 속을 찔러 속흙이 말랐는지 확인해 물주는 시기를 체크할 때 활용한다. 끝이 뾰족하고 두껍지 않은 것이 적당하다.

핀셋 식물의 잎을 따거나 꺾꽂이를 해서 심거나 다육식물, 선인장을 심을 때 유용하다. 끝부분이 안쪽으로 구부러진 형태의 핀셋이 사용하기 편리하다.

작은 숟가락 작은 화분에 식물을 심을 때나 입구가 작은 유리 화분 속으로 흙을 넣는 테라리움 가드닝을 할 때 사용한다.

붓 화분 위의 흙이나 꽃에 묻은 흙, 잎에 먼지를 털 때 사용한다. 솔이 넓지 않고 재질이 부드러운 것을 고른다.

화분 고르기

플라스틱 화분에 담긴 식물을 구입한 뒤에는 적절한 화분을 골라 새로운 흙에 옮겨 심어 잘 자랄 수 있는 환경을 만들어준다. 이때 식물 분위기와 잘 맞는 화분을 골라 심으면 맞춤옷을 입은 것처럼 잘 어울리고 공간에 두었을 때 은은한 멋을 풍긴다.

화분을 고를 때는 재질을 결정한 뒤 화분을 둘 공간과 어울리는 색이나 디자인을 고려해 최종 선택한다. 디자인적인 요소만 고려해 화분을 선택하면 식물 키우기에 실패할 수 있다.

토분 흙을 구워 만든 화분으로 유약처리를 하지 않아 흙 고유의 자연스러운 색이 그대로 느껴진다. 대부분의 식물은 토분에 심으면 잘 어울린다. 통풍이 잘 되고 과습될 염려가 적다. 뿌리나 줄기가 두꺼워 과습되기 쉬운 식물이나 통기성이 좋아야 하는 식물을 심으면 적당하다. 시간이 지나면서 백화현상으로 인해 화분 겉면이 희끗해지거나 이끼가 생겨 색이 변하면 빈티지한 느낌이 든다. 성장하는 식물과 어우러져 자연스러운 멋이 묻어 나온다.
어울리는 식물 율마, 알로카시아, 로즈마리, 다육식물, 선인장

시멘트 화분 시멘트를 원료로 만든 화분으로 식물을 심었을 때 모던하고 깔끔하다. 토분과 비교했을 때 물마름이 늦고 통풍이 원활하지 않으므로 과습에 취약하지 않은 식물을 심는다.
어울리는 식물 잎과 뿌리가 얇은 관엽식물, 이끼 화분

유약 처리한 토분 흙을 구워 만든 토분 겉면에 유약을 발라 색이나 모양을 낸 화분이다. 토분보다 인위적인 요소가 크지만 물기를 더 오래 머금고 있기 때문에 어느 정도 뿌리가 습기를 유지하면 좋은 식물을 심기 적당하다. 화분으로 실내 공간에 포인트를 줄 때나 인테리어 효과를 생각한다면 이 화분을 선택한다.
어울리는 식물 트리안, 꽃, 서양란, 칼라데아(진저, 마코야나)

도자기 화분 흙을 구운 뒤 유약을 전체적으로 발라 다시 구운 화분이다. 유약 처리를 하지 않은 토분과 비교했을 때 통기성이 낮고 흙의 물마름이 늦다. 과습될 염려가 적은 식물을 골라 도자기 화분에 심는다.
어울리는 식물 고사리과 식물(아디안텀, 프테리스)

구멍 없는 화분　물 빠짐 구멍이 없는 화분은 식물 키우기에 적합하지 않다. 바람이 잘 통하지 않고 물이 잘 빠지지 않아 식물 뿌리가 숨을 쉬지 못해 성장에 방해가 되기 때문이다. 식물을 직접 심어 키우기보다는 플라스틱 화분 채 담아 실내 공간에서 깔끔하게 비치할 때 사용한다.

바구니 화분　화분에 심었을 때 무게가 많이 나가거나 크기가 큰 식물은 가벼운 플라스틱 화분에 심는다. 이 경우 바구니 화분에 담아 플라스틱 화분을 가리면 인테리어 효과가 높아진다. 화분 안쪽을 비닐 처리한 경우 식물을 직접 심을 수 있지만 배수가 잘 되지 않으므로 추천하지 않는다.

패브릭 화분　면이나 합성섬유로 만든 화분으로 플라스틱 화분의 덮개로 활용한다. 화분 안쪽에 방수 처리한 제품은 물을 준 뒤 흙이나 물이 바닥으로 흘러나오지 않아 깔끔하게 관리할 수 있다. 화분 받침이 없는 화분을 담아도 좋다. 바구니 화분과 마찬가지로 식물을 직접 심고 키우기 어려운 경우 인테리어 목적으로 활용한다.

물주기

초보자가 식물을 죽이는 큰 원인 중 대다수가 물 관리를 제대로 하지 못해서다. 화원에서 "3~4일에 한 번 물을 주세요"라고 했다고 사계절 내내 그렇게 물을 줘서는 안 된다. 집집마다 키우는 환경이 다르기 때문이다. 해가 잘 드는 곳이나 여름철에는 물이 더 빨리 마르고 그늘진 장소나 겨울철에는 물이 잘 마르지 않아 과습될 수 있다. 이렇듯 물주는 시기는 환경과 계절에 따라 큰 차이가 난다.

가장 안전한 방법은 흙 상태를 확인하는 것이다. 모든 식물은 화분의 겉흙(맨 위의 흙)이 말랐을 때 물 준다. 겉흙이 말랐다는 것은 화분 속흙의 1/3정도는 아직 물기가 남아 있다는 의미다. 대부분 이때 물을 주면 과습되지 않는다. 하지만 식물의 종류나 계절에 따라 바로 물을 주거나 이 시기를 좀 더 지나야 할 때도 있다.

겉흙이 말랐을 때 듬뿍 물주기   대부분의 식물은 성장기(봄부터 가을)에는 겉흙이 말랐을 때 듬뿍 물을 준다. 육안으로 보이는 흙이 평소보다 연해지고 손가락으로 찔렀을 때 흙이 손에 묻어나지 않는다.

속흙까지 말랐을 때 물주기   잎이나 줄기가 다육질인 식물, 겨울철 휴면기를 보내는 식물은 겉흙과 속흙까지 물기가 없는지 확인한 뒤 물을 준다. 나무막대기로 흙 안쪽을 찔러 흙이 묻어나지 않으면 속흙이 마른 것이다.

겉흙이 마르고 잎 상태를 체크해 물주기   화분의 겉흙이 말랐더라도 잎이 싱싱한 경우가 있다. 성장이 더딘 계절(가을부터 겨울)이나 잎이 다육질인 식물은 겉흙과 잎 상태를 함께 체크하고 물을 줘야 과습을 피할 수 있다. 평소보다 잎이 아래로 처지거나 얇아진 느낌이 들면 물을 준다.

● 물 빠짐 있는 화분 물주기

물을 줄 때 가급적 식물의 잎이나 꽃에 물이 닿지 않게 한다. 겉흙이 말랐을 때 바로 흠뻑 물 주되 과습되지 않도록 주의한다.

① 화분의 겉흙이 말랐는지 육안으로 확인한다.
② 나무막대기를 화분 길이의 절반 정도 찔러 5분간 둔다. 흙이나 물기가 묻어나오는지 확인한다.
　TIP 나무막대기를 흙에 항상 꽂아두지 않는다.
③ 흙이 묻어 나오지 않으면 속흙이 마른 것이므로 물조리개로 물을 준다.
④ 겉흙 위로 천천히 흙 안으로 물이 흡수되도록 가장자리를 따라서 물을 준다.
　TIP 잎 위로 물을 뿌리듯이 주지 않는다. 흙이 너무 마른 경우 나무막대기로 여러 군데 찔러 흙 안쪽으로 물이 잘 흡수되도록 해준다.
⑤ 뿌리에서 물을 충분히 흡수하도록 화분 밑으로 물이 흘러나올 때까지 준다.

● 물 빠짐 없는 화분 물주기

물 빠짐이 없는 화분에 식물을 키울 경우에는 화분 구멍으로 물이 빠지는 것을 확인할 수 없으므로 필요 이상으로 물을 주기 십상이다. 이때는 화분 아래쪽에 물이 고여 과습되지 않도록 물을 따라내는 것이 중요하다.

① 화분의 겉흙이 마르면 가장자리를 따라 물조리개를 이용해 물을 준다. 물이 바닥에 고이지 않도록 조절하며 물을 준다.
② 물을 필요이상으로 과하게 줬다면 반드시 남은 물을 따라 뿌리가 썩지 않도록 한다.

공중습도 높여주기

대부분의 식물은 실내 평균습도인 40%의 환경에서 잘 성장한다. 하지만 냉난방을 하는 계절이나 유난히 건조한 실내에서는 잎 끝이 마르거나 꽃봉오리가 제대로 피지 못하고 떨어지거나 해충이 생기기도 한다. 이는 모두 습도가 낮아서 생기는 문제이다.
실내에서 흔하게 키우는 열대성 관엽식물은 평균습도보다 더 높은 습도가 필요하므로 2~3일 주기로 잎 주변으로 가볍게 분무를 해 주변 습도를 높여준다. 이렇듯 물주기 시기와 상관없이 식물의 공중습도를 높여주면 병충해를 예방하고 튼튼하게 성장하는데 도움이 된다.

- **저면관수**

물을 담은 용기에 화분 통째로 넣고 화분 밑으로 뿌리가 물을 흡수하게 하는 물주기 방법이다. 잎에 물이 닿는 것에 예민한 식물(세인트폴리아, 시클라멘 등)이나 유난히 습기에 약한 식물, 구근식물 등은 천천히 필요한 만큼 물을 흡수하도록 한다. 또한 흙이 너무 말라 흙 위로 물을 줘도 제대로 물을 흡수하지 못할 경우에도 추천한다. 저면관수 시간은 보통 30분에서 1시간 사이이며, 최대 2시간을 넘지 않도록 한다. 저면관수하는 경우 식물은 필요한 만큼 물을 흡수한 후에 더 이상 물을 빨아들이지 않는다. 하지만 화분이 물속에 계속 담가져 있을 경우 과습될 수 있으니 주의한다.

① 화분의 1.5배 크기의 용기를 준비해 화분을 담는다.
② ①의 화분 절반 높이 정도 차도록 물을 붓는다. 30분~1시간 정도 두면 화분 아래쪽으로 물이 흡수된다.

온도

식물은 종류마다, 계절별로 원하는 온도가 다르다. 식물 저마다 선호하는 온도가 달라 더위를 잘 견디는 식물과 겨울을 무난하게 나는 식물 등 특징이 다르다. 적정 관리온도와 최저 관리온도를 맞춰줘야 식물이 잘 성장한다. 적정 관리온도는 식물이 가장 선호하는 온도를 뜻한다. 최저 관리온도란 식물의 성장이나 상태 유지를 위해 방해가 되지 않는 가장 낮은 온도를 의미한다.

실내 관엽식물은 대부분 원산지가 열대나 아열대 지방이어서 겨울철 추위에 취약하다. 보통 15~27℃의 온도를 가장 선호하고 최저 10℃는 되어야 피해를 입지 않는다. 그렇다고 한겨울에 무조건 따뜻한 실내에 두어서는 안 되는 종류도 있다. 꽃나무 종류는 겨울철 어느 정도 추위를 경험해야 다음해 꽃을 피운다. 낮에는 화분을 실내에 두더라도 밤에는 0~5℃의 장소로 옮겨 일교차가 나는 환경에서 관리하면 꽃을 피우는데 도움이 된다.

채광

햇빛은 식물이 성장하는데 필수 요소다. 식물마다 강한 햇빛을 좋아하는 종류와 그렇지 않은 종류가 있다. 보통 식물의 종류나 잎 색에 따라 햇빛 선호도를 파악한다. 하지만 같은 장소라도 계절에 따라 햇빛이 드는 시간이나 양이 다르다. 햇빛이 길게 들고 빛의 세기가 강한 한여름에는 강한 햇빛에서 잘 견디는 식물을 제외하고 커튼을 쳐 반그늘 환경을 만들어주거나 자리를 옮겨 햇빛의 양을 조절한다. 반대로 상대적으로 햇빛이 짧게 들고 빛의 세기가 약한 겨울에는 더 밝은 곳으로 식물을 이동해 햇빛이 부족하지 않도록 신경 쓴다.

양지 하루 종일 또는 반나절(6시간) 이상 햇빛이 드는 장소를 의미한다. 사계절 꽃이 피는 식물이나 선인장, 다육식물을 키우기 적당하다. 관엽식물 중에서 잎 색이 유난히 밝거나 무늬가 있는 종류나 꽃이 피는 식물은 양지에서 잘 성장한다.

반음지 반그늘로 아침나절 또는 오후 햇빛이 3~4시간 정도 드는 곳이다. 햇빛이 쨍하게 드는 몇 시간을 제외한 나머지는 햇빛이 직접 닿지 않는 밝은 장소를 말한다. 하루 6시간 이상의 햇빛을 필요로 하는 식물을 제외하고는 대부분의 열대성 관엽식물이나 잎 색이 진한 식물, 고사리과 식물이 반음지에서 무난하게 성장한다.

음지 하루에 햇빛이 2시간 이하로 드는 장소를 말한다. 이런 환경은 햇빛이 부족해 식물이 잘 성장할 수 없다. 부득이하게 음지에서 식물을 키울 때는 주기적으로 햇빛을 받을 수 있는 장소로 화분을 옮겨가며 관리하거나 식물 생장등을 설치 해준다.

흙 관리

● **흙 고르기**

흙은 식물이 뿌리내려 성장하는 가장 중요한 터전이다. 식물에 특성에 맞게 적절한 흙을 배합해 심어야 오랫동안 잘 키울 수 있다.

처음 식물을 구입하여 분갈이할 때는 반드시 소독된 흙을 사용한다. 시중에서 판매하는 분갈이용 흙(배양토)은 이물질이 없는 깨끗한 흙으로 식물이 잘 성장하는데 필요한 여러 가지 비료 성분을 포함한다. 식물의 성장에 해가 되는 세균이나 해충이 없어 분갈이 후 식물이 뿌리를 내리고 건강하게 성장할 수 있도록 도와준다. 분갈이용 흙만 섞어 식물을 심으면 시간이 지남에 따라 배수가 잘 되지 않을 우려가 생긴다. 분갈이 흙과 마사토를 7:3 비율로 섞으면 배수가 원활해져 흙 속에서 뿌리가 잘 호흡할 수 있다. 흙이 건조한 상태를 좋아하는 식물(두꺼운 뿌리, 수분이 많은 잎과 줄기)은 마사토 비율을 늘리고 어느 정도 습기가 유지되어야 좋은 식물(얇은 뿌리, 얇은 잎과 줄기)은 마사토 비율을 줄여서 식물 저마다에게 더 알맞은 흙 상태를 만들어준다.

● **다양한 흙 종류**

식물 각각의 특성에 맞는 흙 종류를 배합한 흙에 식물을 심으면 더 건강하게 잘 자란다. 분갈이용 흙, 마사토 외에도 다양한 흙이 있다. 여러 가지 흙을 배합하는 일반적인 방법 외에 상황에 따라 한 가지만 사용하기도 한다.

배양토 식물을 심을 때 반드시 필요하다. 소독된 흙으로 비료 성분이 포함되어 있다.

마사토 보통 배양토와 마사토를 7:3 비율로 섞어 분갈이 할 때 사용한다. 또는 흙 위에 덮어 화장토로 쓴다. 배수성과 통기성을 높이는 역할을 하므로 습한 흙 상태를 싫어하는 식물(선인장, 다육식물)을 심을 때 비율을 더 늘려서 사용한다.

난석 배수성과 통기성, 보습력이 좋아 배수층을 만들 때 사용한다. 동양난이나 야생화를 심을 때 사용한다.

피트모스 가볍고 보습력이 좋다. 식물을 심을 때 이 자체만 사용하지 않고 모래나 마사토를 섞어 배수성을 높여준다.

버미큘라이트 질석을 고온 처리한 것으로 가볍다. 수분을 유지하는 기능이 뛰어난 흙으로 씨앗 파종이나 꺾꽂이 시 사용한다.

펄라이트 진주암을 고열처리한 가벼운 흰색 흙이다. 통기성, 배수성 보습성이 뛰어나 분갈이용 흙에 섞어 중성토양을 만든다.

바크 높은 온도에서 소나무 껍질을 찐 것으로 배수성과 보수력이 좋다. 보통 서양란을 심을 때 사용한다. 흙 위에 바크를 덮으면 흙이 마르는 것을 예방하므로 습도가 유지되는 상태를 좋아하는 식물에 활용한다.

수태 보통 물이끼라고 하며 통기성이 좋다. 서양란이나 꺾꽂이로 번식하는 식물을 심을 때 사용한다.

훈탄 왕겨를 까맣게 태운 것으로 분갈이할 때 흙에 섞어주면 뿌리가 잘 뻗어나가도록 도와주고 해충을 예방하는 효과가 있다.

비료 주기

많은 사람들이 식물을 화분에 심어 키운다. 화분이라는 한정된 공간에서 키우다 보면 영양분이 고갈되기 마련이다. 시의 적절하게 비료를 주면 식물의 성장을 도울 수 있다. 잎 색이 선명하지 않거나 성장이 더딜 때, 꽃이 피지 않을 때 각각 알맞은 비료를 준다. 식물이 성장하는 봄철에 비료를 주는 것이 가장 좋다. 식물의 성장이 더디거나 휴면기인 겨울철, 분갈이 직후에는 비료를 주지 않는다. 비료는 절대 과하지 않게 적당량을 준다. 비료가 과하면 관엽식물은 잎의 형태나 모습이 변하고 꽃 식물은 꽃은 피지 않고 잎만 무성해진다. 화분 가장자리를 따라 비료를 주어 뿌리에 직접 닿지 않도록 주의한다.

비료의 성분

무기질 비료 잎을 성장시키는 질소와 꽃에 영향을 미치는 인산, 뿌리에 영향을 미치는 칼슘을 인위적으로 넣은 화학 비료다. 효과는 빠르지만 흙을 산성화시킬 수 있다.

유기질 비료 계분, 어분 등 동식물에서 얻은 영양분으로 만든 비료다. 무기질 비료에 비해 효과는 느리지만 오래 지속된다.

비료의 형태

고체 비료 알갱이 또는 덩어리 형태의 비료로 흙 위에 얹은 뒤 물을 주면 흙 속으로 천천히 흡수된다. 무기질 비료는 하얀색, 노란색이고 유기질 비료를 검은색, 진한 갈색이 많다.

액체 비료 액체 형태로 흙 속으로 바로 흡수되어 고체 비료보다 효과가 빠르다. 관엽식물은 질소 함량이 많은 비료, 꽃 식물은 인산질 비료가 적당하다.

돌 활용하기

화분의 흙 위에 돌을 얹은 경우를 볼 수 있다. 식물을 심을 때 마지막에 돌을 올려 식물을 고정시키거나 디자인적인 효과를 내기 위함이다. 또한 돌은 물을 머금어 가습 효과를 내므로 식물의 건강에 도움을 준다. 화분 속에서 식물과 함께 잘 어울리는 모습으로 배치할 수 있는 돌의 종류와 특징을 알아봤다.

에그스톤 달걀 모양의 돌로 아주 작은 것부터 큰 것까지 크기가 다양하다. 식물과 화분의 크기를 고려해 선택한 뒤 적절하게 배치한다. 다육식물이나 선인장처럼 식물 윗부분에 비해 뿌리가 낮은 식물은 심은 뒤 에그스톤으로 고정하면 쉽게 흔들리거나 뽑히지 않는다.

화산석 자연석 돌로 다듬어진 다른 돌 종류보다 자연스러운 느낌을 준다. 다양한 크기의 화산석이 있으므로 용도에 맞춰 고른다. 화분에 식물을 심은 뒤 허전한 느낌이 든다면 화산석으로 공간을 메꿔준다. 식물의 줄기가 휘었을 때나 줄기를 고정할 때도 화산석으로 고정시킨다.

강돌 강가에서 흔히 볼 수 있는 돌로 반질반질하다. 화분에 얹었을 때 자연스러운 느낌을 낼 수 있다는 것이 큰 장점이다. 크기가 다양하므로 화분 위에 깔아서 장식적인 효과를 내보자. 식물을 화분에 심고 중심을 고정할 때 사용하면 편리하다.

오래 두고 ──── 키우기

분갈이하기

식물을 같은 화분에서 계속 키우면 잘 성장할 수 없다. 처음 화원에서 플라스틱 화분에 심긴 화분을 사온 후나 식물을 키우면서 화분 밑으로 뿌리가 나오는 경우 분갈이를 해줘야 한다. 분갈이를 할 때는 식물보다 너무 크거나 작은 화분은 피한다. 또한 뿌리가 다치지 않도록 조심스럽게 옮겨 심는다. 분갈이 후에는 새로운 화분과 흙 속에서 잘 자리 잡도록 규칙적으로 물을 준다. 비료를 줄 때는 분갈이 후 적어도 한 달 이상 기다렸다 준다.

● **처음 옮겨심기**

화원에서 구입한 식물은 영양분이 많은 새 흙을 담은 화분에 옮겨 심어야 한다. 식물이 새 화분 속에서 뿌리 내리고 안정을 찾으며 더 잘 성장하도록 돕는 일이다.

① 식물과 화분을 선택해 준비한 뒤 화분에 흙이 빠져나가지 않도록 배수망을 잘라 깐다.
② 배수망 위로 배수층 역할을 할 난석을 화분의 1/4 높이로 넣는다. 화분의 높이에 따라 배수층 높이는 달라진다.
③ 흙으로 ②를 살짝 덮는다. 플라스틱 화분을 가볍게 잡고 누르면서 식물을 밀어 분리한다.
④ 분리한 식물은 기존의 흙이 너무 털리지 않도록 손으로 살짝 뭉쳐준다.
⑤ 화분에 식물이 중앙에 오도록 넣고 높이를 맞춘 뒤 식물 가장자리를 따라 흙을 가득 채운다.
⑥ 뿌리가 화분에 움직이지 않고 잘 고정되도록 막대기를 사용해 흙을 밀어넣으며 손으로 눌러가며 심는다.

● 키우다 분갈이하기

식물을 키우다 보면 뿌리가 가득 차 기존의 화분에서 성장하기 힘든 시기가 온다. 이때는 성장한 식물에 맞는 화분을 골라 새 흙으로 분갈이를 해줘야 한다. 기존 식물을 분리해 분갈이를 할 때는 뿌리에 붙은 흙이 너무 많이 떨어져나가거나 뿌리가 끊어지거나 상하지 않도록 주의한다. 키우던 화분은 흙이 젖어있을 때 분갈이한다. 흙이 촉촉하게 젖었을 때 화분에서 쉽게 식물이 분리되고 꺼내면서 뿌리가 다치지 않는다.

① 식물의 뿌리가 다치지 않도록 화분 가장자리에 삽을 찔러 흙과 화분 사이의 공간을 만들어준다.
② 화분 속의 식물이 들릴 정도로 분리되면 뿌리를 감싼 흙과 함께 한꺼번에 들어올린다.
③ 식물 밑쪽의 상하거나 지저분한 뿌리는 정리해주면서 흙을 살짝 털어낸다.
④ 새 화분에 배수망을 잘라 깔고 ③을 옮겨 심는다. 심을 때 식물의 높이는 화분 위쪽에서 1.5cm 정도 내려오도록 맞춘다.

번식하기

식물을 번식시키는 가장 기본적인 방법은 파종이다. 그러나 쉽지 않기때문에 잎이나 줄기 등을 잘라 번식하는 삽목을 추천한다. 줄기를 바로 흙에 꽂는 꺾꽂이가 가장 간편하지만 뿌리가 날 때까지 수분이 잘 유지되지 않으면 잎과 줄기가 마른다. 줄기를 물에 꽂아 뿌리가 내리면 흙에 옮겨 심는 물꽂이가 더 효율적이다.

● 꺾꽂이(흙꽂이)

씨앗 발아율이 떨어지는 식물을 번식할 때는 줄기를 잘라 꺾꽂이한다. 줄기 꺾꽂이로 번식할 경우 튼튼한 줄기를 골라 봄~초여름 사이 시도한다.

① 튼튼한 줄기를 2~3개 골라 대략 10cm 길이로 자른다.
② 줄기 아래쪽 잎 2~3장은 뗀다. 그래야 줄기를 흙에 꽂기 쉽고 영양분 손실을 막을 수 있다.
③ 화분에 흙을 채우고 핀셋을 이용해 ②의 줄기를 하나씩 흙에 심는다.
④ ③이 흔들리지 않도록 손으로 눌러가며 고정한다. 흙 위에 마사토를 올린다.

● **물꽂이**

자른 줄기를 바로 흙에 심는 것이 일반적이지만 어떤 식물은 물에 꽂아두었다가 뿌리가 내리면 흙에 옮겨심기도 한다. 물꽂이한 뒤 흙으로 다시 옮겨 심으면 이미 뿌리가 내린 상태이므로 더 안정적으로 성장한다.

① 줄기를 잘라 유리병에 꽂는다. 2~3주 후 줄기 밑으로 조금씩 뿌리가 나온다. 이때 물은 3일에 한 번씩 갈아준다.
② 뿌리가 어느 정도 자라 길게 나오면 화분에 흙을 채워 ①을 옮겨 심는다.
③ 뿌리 사이사이로 흙이 골고루 들어가도록 심어 고정한다.
④ 화분 가장자리로 물을 주어 마무리한다.

수경재배

물 관리가 힘들 때는 식물의 뿌리를 물에 담가 수경재배 해보자. 관리가 편할 뿐 아니라 건조한 실내에서 가습 효과를 낸다. 물이 줄어들면 보충하고 대략 일주일에 한 번 용기를 닦은 뒤 물 전체를 간다. 대표적인 수경재배 식물은 아이비, 싱고니움, 테이블야자, 스파트필름, 스킨답서스, 개운죽이다. 이밖에 산호수, 트리안, 푸밀라도 수경재배로 잘 키울 수 있다.

지지대 잡기

식물은 종류별로 줄기가 자라는 모습이 다르다. 줄기가 늘어지거나 지지대 등을 감고 올라가는 덩굴성 식물은 벽을 타고 올라가도록 위에 선반을 두거나 처음부터 지지대를 세워 깔끔한 모습으로 키운다.

곧게 세우기 화원에서 구입했을 때부터 줄기가 휘어있었거나 성장하면서 휜 경우 지지대를 세워 고정한다. 식물 줄기 높이에 맞춰 지지대를 자른 뒤 노끈으로 3번 묶어 고정한다. 바로 세우는데 몇 달 이상 걸리기도 한다.

감아 키우기 덩굴성으로 자라는 식물은 성장하면서 자연스럽게 줄기가 늘어진다. 처음부터 지지대를 세워 식물의 줄기를 감아 정리해주면 깔끔하게 자란다. 클레로덴드룸 톰소니에, 개나리자스민, 아이비 등이 있다.

가지치기 곧게 자라는 관엽식물은 키가 위로만 자라지 않도록 위쪽에 올라오는 새순을 잘라 가지치기하면 곁가지가 늘고 옆으로 풍성하게 자라 식물 전체의 균형이 잡힌다. 또한 지나치게 늘어지는 줄기도 잘라 식물의 균형을 맞춰준다.

흔히 생기는 병충해

깍지벌레 관엽식물이나 다육식물에 붙어 있는 흰색 해충으로 햇빛이 부족하고 건조한 곳에 잘 생긴다. 수가 적을 때는 손으로 잡아 없애고 많이 생겼다면 화학 살충제를 사용한다.

흰가루병 식물의 잎에 하얀 가루가 생기고 잎과 줄기가 시들면 곰팡이 변종인 흰가루병을 의심한다. 통풍이 잘 되지 않거나 일교차가 심한 장소에서 쉽게 발생한다. 통풍이 잘 되는 곳으로 식물을 옮겨주고 살균제를 사용한다.

온실가루이 잎 주변에 하얀 날개 달린 것이 날아다닌다면 온실가루이다. 건조하고 따뜻한 실내에서 잘 생긴다. 통풍이 잘되는 장소로 식물을 옮겨주고 자주 분무를 하여 습도를 높여주거나 심할 경우 해충약을 사용해서 퇴치한다.

식물을 키울 때의 응급상황

실내 식물마다 원산지가 다른 만큼 선호하는 환경도 다르다. 식물을 잘 키우려면 적당한 양의 햇빛, 물, 온도, 습도, 통풍을 맞춰줘야 한다. 잘 자라다가도 이 중 한 가지 조건만 맞지 않아도 이상 신호를 보낸다.

● 잎 끝이 마른다

평균습도보다 실내 습도가 낮을 경우, 물이 부족한 경우, 햇빛이 강한 경우 잎이 마른다. 잎 끝부터 말라 까맣게 변하기도 한다.

대처법 우선 원인을 파악한다. 잎 끝자락을 중심으로 가볍게 분무해 공중습도를 높여준다. 흙이 건조하게 관리되었다면 더욱 규칙적으로 물 준다. 햇빛이 강한 장소에 둔 식물은 빛의 양이 적은 곳으로 옮긴다.

● 잎이 처진다

평소보다 잎이 아래쪽으로 처지는 현상으로 대부분 '물' 문제로 인해 발생한다. 과습되거나 반대로 물이 부족할 때도 잎이 처진다. 겨울철 추위도 원인이다.

대처법 정확한 원인을 파악해 대처한다. 물 부족으로 흙이 건조해져 잎이 처진 경우 잎에 수분이 빠졌기 때문에 잎이 얇아지고 늘어진다. 이때는 바로 듬뿍 물주기를 해주면 잎이 원래 모습으로 돌아온다.

과습때문에 잎이 처지거나 잎이 노랗게 변한 경우는 잎이 무겁게 축축 늘어진다. 이때는 물주기를 중단하고 햇빛이 잘 들고 통풍이 원활한 장소로 화분을 옮겨 흙이 빨리 마르도록 해준다. 추위로 잎이 얼어서 처진 경우 바로 화분을 따뜻한 장소로 옮기고 회복되지 않는 잎은 잘라준다.

- **잎이 떨어진다**

과습되거나 겨울철 추위를 탔을 때 갑자기 잎이 전체적으로 노랗게 변하거나 멀쩡한 잎이 우수수 떨어진다. 단 줄기 아래쪽 잎이나 일부분의 잎만 노랗게 변하고 떨어진다면 성장하면서 생기는 자연스러운 모습이니 안심해도 된다.

대처법 색이 변한 잎은 잘라주고 평소보다 물주는 시기를 늦춘다. 또는 추위가 원인이라면 따뜻한 장소로 옮긴다.

- **웃자란다**

줄기를 따라 잎과 잎 사이가 멀어지는 현상도 흔히 보게 된다. 식물이 웃자라는 원인은 햇빛 부족이다.

대처법 햇빛이 부족하기 때문에 식물이 햇빛을 받는 부분을 늘리기 위해 햇빛을 향해서 성장하거나 어두운 환경을 벗어나려고 길어지는 것이다. 바로 햇빛을 더 받을 수 있는 장소로 옮긴다.

- **줄기가 무른다**

흔히 물을 과하게 주면 과습으로 줄기가 노랗게 변하고 물러진다. 이때 잎도 누렇게 변한다. 줄기를 만졌을 때 물렁거리면 다시 회복하기 어렵다.

대처법 과습으로 이미 무른 줄기나 잎은 회복하기 힘든 경우가 많다. 상한 잎과 줄기는 바로 제거 해준다.

Part. 2

푸른 기운을 들이다

푸른 식물과 함께하는 일상의 즐거움을 느껴보세요. 화려한 꽃보다 개성 넘치는 잎이 매력적인 관엽식물이 우리 주변에 참 많습니다. 신경 쓰지 않아도 잘 자라는 식물, 물주기가 조금만 늦어져도 잎을 축 늘어뜨려 계속 마음 쓰이게 하는 식물 등 다양한 모양만큼 기질이 달라 바짝 긴장하게 만들기도 할 거예요. 서툴어도 점점 가까워질 겁니다.

Planterior

꽃보다 잎의 화려함을 감상하세요
아글라오네마 AGLAONEMA

● 처음 식물을 키우기 시작한 초보자에게 추천할 만한 관엽식물, 아글라오네마예요. 영어 이름이 어렵게 느껴져 입에 잘 붙지 않지만, 아글라오네마는 실내에서 키우기 쉬운 식물 중 하나입니다. 겨울철 온도 관리만 잘해주면 빛이 적게 드는 공간에서도 함께할 수 있고 병충해도 거의 없어요. 또한 뿌리의 성장이 빠른 편이 아니라 화분을 자주 갈아줘야하는 번거로움이 덜해요. 위로 자라기 때문에 공간을 크게 차지하지 않는 게 큰 장점이지요. 실내 공기 오염 물질을 정화시키는 능력이 뛰어난 식물로 꼽히는지라 여러모로 실내에서 키우기 적합해요. 겨울철 찬바람이 드는 창가나 베란다는 피해서 관리하면 무리 없이 키울 수 있어요.

아글라오네마는 진한 초록색부터 연두색 잎의 종, 강렬한 붉은색이나 사랑스러운 핑크색 잎 등 색상이 다양하고 잎마다 특징적인 무늬가 있어요. 취향에 따라 잎의 모양을 고르거나 다른 실내 식물과 어울리는지 생각해본 뒤 매치해 실내에서 즐겁게 함께할 수 있답니다.

1 청록색 잎 위로 불규칙한 무늬가 특징적인 심플렉스.
2 붉은색과 초록색의 잎이 적절하게 조화로운 시암오로라.
3 전체적으로 핑크빛의 잎이 돋보이는 핑크사파이어.

흔히 보는 종류 스노우사파이어, 실버퀸, 엔젤, 시암오로라, 심플렉스, 스트라이프스
추천 장소 반음지, 햇빛이 은은하게 드는 창가

아 글 라 오 네 마   키 우 기

빛

BEST　반음지
WORST　햇빛이 강하거나 너무 약한 곳

빛이 부족해도 잘 자라지만 아침나절 창문을 통해 햇빛이 드는 장소가 좋다. 햇빛이 강하면 아글라오네마의 잎 색이 바라거나 잎 끝이 탄다. 반면 어두운 장소에서는 잎의 윤기와 특징적인 무늬가 사라지거나 성장이 더뎌지며 포기가 약해진다. 햇빛이 강해지는 봄부터 한여름까지는 햇빛이 내내 내리쬐는 창가나 베란다에 식물을 두지 않는다. 가을, 겨울에는 여름보다 조금 더 밝은 곳으로 옮겨준다.

온도

BEST　20~25℃
WORST　10℃ 이하, 겨울철 찬바람이 드는 곳

열대성 관엽식물로 따뜻하고 다소 습한 환경을 좋아한다. 고온다습에 강하지만, 겨울철 추위에는 약하다. 최저 10℃까지 견디지만 겨울철 16℃ 이상에서 관리하면 더 튼튼하게 겨울을 난다. 추운 곳에 두면 잎이 처지거나 줄기가 언다.

물주기

BEST　화분의 겉흙이 말랐을 때 듬뿍 물주기
WORST　늘 젖어 있는 흙

아글라오네마는 무엇보다 과습을 주의한다. 화분의 겉흙이 완전히 말랐을 때 화분 밑으로 물이 흘러나올 때까지 흠뻑 준다. 흙이 건조함에 강하지만 규칙적으로 물을 주면 튼튼하게 성장하고 잎도 건강해진다. 반음지에서 관리 시 성장기(봄부터 초가을)에는 4~5일 주기로 화분의 겉흙이 마르면 물준다. 겨울철에는 일주일 간격으로 물을 줘 성장기 때보다 흙을 건조하게 관리한다.

애 정 을   담 은   키 우 기

IDEA 1. 공중습도를 높여준다
잎을 감상하는 맛으로 키우는 아글라오네마는 잎의 건강이 생명이다. 싱싱한 잎을 유지하려면 공중습도를 높여줘야한다. 겨울철에는 2~3일 주기로 잎 전체에 분무한다. 나머지 계절에는 4일 주기로 가볍게 분무하면 싱싱하게 키울 수 있다.

IDEA 2. 가지치기를 한다
적절하게 가지를 잘라 깔끔하게 관리한다. 오랫동안 키워서 잎이 무성하다거나 늘어지면 깔끔하게 정리한다. 그 밖에도 줄기 아래쪽의 시들거나 색이 바란 잎은 잘라주면서 키운다.

IDEA 3. 꽃대는 잘라준다
7~8월 고온기에 흰색 불염포에 싸인 기다란 꽃이 핀다. 아글라오네마의 꽃은 관상 가치가 크지 않다. 꽃을 피우는데 영양분이 쓰여 잎의 성장을 방해할 수 있으므로 꽃대를 잘라준다. 단, 씨앗으로 번식을 원할 경우 꽃이 시들 때까지 두어도 되지만 시간도 오래 걸리고 실패 확률이 높다. 줄기를 잘라 물에 꽂아둔 후 뿌리를 내리면 흙에 심어주는 번식 방법이 훨씬 효율적이다.

4 아글라오네마는 줄기 삽목으로 쉽게 번식시킬 수 있다.
5 성장하면서 줄기가 두꺼워지고 처음보다 더 단단해진다.
6 줄기 아래쪽에 색이 변하거나 늘어진 잎은 잘라준다.
7 7~8월 고온기 동안 꽃이 핀다.

열대의 분위기를 듬뿍 느낄 수 있어요
디펜바키아 DEFFENBACHIA

● 실내 식물로 오랫동안 사랑받아온 열대성 관엽식물 디펜바키아를 아시나요? 디펜바키아 마리안느와 디펜바키아 콤팩타는 일 년 내내 화원에서 쉽게 만날 수 있는 종류예요. 디펜바키아 종류는 넓은 잎이 특징인데, 마리안느는 진한 초록색과 연둣빛 색이 조합된 무늬가 우아하고, 콤팩타의 안나는 잎 위의 불규칙한 초록색 무늬가 개성 있어요. 마리안느와 콤팩타의 밝고 경쾌한 느낌의 무늬는 삭막한 실내에 싱그러움을 더해 인테리어 효과가 뛰어나요. 특히 햇빛 좋은 여름철 실내에서 가장 아름다운 잎을 보여줘요.

두 식물 모두 화분 하나만으로도 공간을 화사하게 만드는 힘이 있어요. 공기정화 능력과 가습 효과가 뛰어난 식물로 실내에서 함께하면 더 좋아요. 아름다운 모습과 기능성이 뛰어나지만 위험요소도 있답니다. 잎과 줄기를 자르면 나오는 유액에 독성이 있으므로 어린아이나 애완동물을 키우는 가정에서는 주의해서 관리해야합니다.

1 잎 위에 불규칙한 무늬가 있는 콤팩타.
2 적절한 환경에서 싱그러운 마리안느의 잎.

흔히 보는 종류   마리안느, 콤팩타(안나·옥안나), 트로픽스노우
추천 장소   거실장·텔레비전장 위(작은 화분)
거실 소파, 텔레비전 옆, 너무 어둡지 않은 거실 안쪽(큰 화분)

디펜바키아 키우기

빛

BEST 반음지(동향)
WORST 햇빛이 너무 강하거나 너무 약한 곳

잎 색이 밝은 종류(마리안느)는 반음지를 선호한다. 콤팩타는 빛이 조금 약해도 잘 자란다. 강한 햇빛은 피하고 반음지 환경에서 키우면 가장 좋고, 실내 안쪽에서 키울 경우 주기적으로 어느 정도 햇빛을 받을 수 있는 장소로 이동시켜준다. 빛이 약한 장소에서 오랫동안 키우면 웃자라고, 잎 색이 선명하게 유지되지 않는다. 봄부터 여름까지 햇빛이 너무 강하면 잎 끝이 타므로 장시간 강한 햇빛에 노출되지 않도록 주의한다.

온도

BEST 15~26℃
WORST 15℃ 이하

디펜바키아는 대표적인 열대성 관엽식물로 추위에 약해 잘 키우다가도 겨울철 관리를 소홀히 해 죽이는 경우가 많다. 겨울철에는 반드시 18℃ 이상인 실내에 둔다. 추우면 잎이 노랗게 변하고 늘어지면서 처진다.

물주기

BEST 화분의 겉흙이 말랐을 때 듬뿍 물주기
WORST 늘 젖어 있는 흙

가장 위험한 환경은 흙이 늘 젖어 있는 것이다. 과습이 지속되면 뿌리가 썩으면서 줄기가 물러지고 잎이 노랗게 변한다. 화분의 겉흙이 완전히 말랐을 때 물을 준다. 단 반복적으로 흙이 건조하면 늘어진 잎이 회복되지 않을 수 있다. 특히 새잎이 제대로 올라오지 못한 채 시든다. 반음지에서 관리시 성장기(봄부터 가을)에는 대략 4~5일, 겨울에는 7~8일 주기로 물을 준다.

애 정 을   담 은   키 우 기

IDEA 1. 공중습도를 높여준다

디펜바키아 식물은 습도에 아주 예민하지는 않지만 식물 주변의 습도를 어느 정도 유지해줘야 잎이 싱싱하다. 난방과 냉방으로 실내가 건조해지는 겨울과 여름에는 2~3일에 한 번씩 식물 주변으로 가볍게 분무하여 습도를 높여준다. 습도가 지나치게 낮으면 잎 끝이 갈색으로 마르고, 솜깍지벌레 등 병충해가 생긴다.

IDEA 2. 햇빛을 보도록 방향을 돌린다

디펜바키아는 햇빛에 반응해서 성장한다. 빛이 적은 곳에서 키울 경우 더더욱 화분을 주기적으로 돌려가며 관리해야 전체적으로 균형 있게 자란다.

IDEA 3. 물방울이 생긴다

디펜바키아 잎에 물방울이 맺히는 모습을 흔히 볼 수 있는데, 식물의 호흡 과정 중 자연스럽게 생기는 부산물이다.

3 습도가 낮거나 햇빛에 장시간 노출되면 잎 끝이 타들어가듯 변한다.
4 디펜바키아의 두꺼운 줄기 안에는 수분이 가득하다.
5 줄기를 자르면 나오는 액체는 독성이 있다.
6 성장하면서 단단하고 두꺼워지는 디펜바키아의 줄기.

길쭉하게 뻗은 잎이 시원해보여요
드라세나 DRACAENA

화원에서 식물을 살 때 가장 많이 하는 질문 중 하나가 "키우기 쉬우면서 죽이지 않고 오래 키울 수 있는 식물이 뭔가요?"일 거예요. 이런 식물을 찾는다면 자신 있게 드라세나 종을 추천하고 싶어요. 이름은 생소하겠지만 '행운목', '개운죽', '마지나타'라고 하면 바로 '아~!'하고 알아차릴 거예요. 드라세나 종에 속하는 식물은 전체적인 분위기나 모습이 비슷해요. 백합과 식물로 줄기가 대나무처럼 생겼어요. 직선으로 뻗은 종류도 있지만 가지가 불규칙하게 여러갈래 뻗은 종류도 많아요. 40여종이나 되는 드라세나 식물은 줄기 끝으로 잎들이 다소 길쭉하게 달려있다는 공통점이 있어요.

드리세나는 대표적인 공기정화 식물이면서 관리하기 쉽고 인테리어하기에도 좋아요. 화분 종류나 모양에 따라 심플한 멋을 내기도 하고 고풍스러운 느낌이 들기도 하고요, 모던한 화분에 심으면 도시적인 분위기가 느껴지기도 해요. 실내에서 적응력이 뛰어난 드라세나, 더 튼튼하고 멋진 모습으로 오래 함께하세요.

1 긴 줄기 끝에 초록색 잎이 달린 송오브자마이카.
2 싱그러운 연두 빛깔 잎의 레몬라임.
3 줄기 끝으로 얇고 긴 잎이 시원하게 뻗은 마지나타.
4 옆으로 늘어지는 줄기와 잎의 무늬가 개성 있는 고드세피아.

흔히 보는 종류	마지나타, 송오브자마이카, 맛상게아나(행운목), 산데리아나, 콤팩타, 레몬라임, 자바, 송오브인디아, 수르쿨로사(고드세피아)
추천 장소	거실 안쪽, 텔레비전·소파 옆

드라세나 키우기

빛

BEST 반음지
WORST 햇빛이 너무 강한 곳

햇빛이 너무 강하거나 하루종일 어두운 곳만 아니라면 어디에 두어도 상관없다. 드라세나는 전형적으로 실내 반음지에서 잘 자라는 식물이다. 물론 종류에 따라 음지나 빛에 더 강한 종도 있지만 대부분 밝은 그늘에서 고유의 잎 색을 보여준다.

강한 햇빛 아래서도 무난하게 성장하는 종류가 있는 반면, 그늘진 장소에서도 잘 견디는 종류가 있으므로 키우고자하는 환경의 특성을 고려해서 선택한다. 공통적으로 한여름의 강한 햇빛은 피한다. 오랜 시간 동안 강한 햇빛을 받으면 잎 끝이 타거나 잎 색이 연해지므로 실내 안쪽으로 들여서 관리한다.

음지에 강한 종류 마지나타, 행운목, 콤팩타, 개운죽, 자바, 드라코
빛을 선호하는 종류 레몬라임, 송오브인디아, 산데리아나. (대체로 잎 색이 밝거나 밝은 무늬가 있는 종)

온도

BEST 15~25℃
WORST 10℃ 이하, 찬바람이 드는 창가

열대성 식물이라 추위에 약한 편이다. 최저 관리온도는 5℃지만 최저 10℃ 이상을 유지하고 평균 온도가 15℃ 이상인 곳에서 관리하면 더 건강하게 겨울을 날 수 있다.

물주기

BEST 화분의 겉흙이 말랐을 때 듬뿍 물주기
WORST 과습

드라세나 식물은 흙의 건조함에 강해 실내에서 키우기 좋은 식물로 손꼽힌다. 대부분은 두꺼운 줄기 속에 수분을 저장하고 지하부의 뿌리가 두꺼워 흙이 건조해도 잘 버티므로 무엇보다 과습에 주의한다. 화분이 말라서 죽는 경우보다 과습되어 죽는 경우가 더 많다. 과습 시 뿌리가 썩으면서 잎이 노랗게 되며 떨어지거나 줄기가 전체적으로 무르다.

흙의 건조함에 강한 종류 맛상게아나(행운목), 자바, 콤팩타, 레몬라임, 드라코
규칙적인 물주기가 필요한 종류 송오브인디아, 산데리아나

애 정 을   담 은   키 우 기

IDEA 1. 공중습도를 높여준다
드라세나는 대부분 공중습도가 높은 환경을 선호한다. 습도가 낮은 장소에서 키울 경우 잎 끝이 마르므로 3일에 한 번 잎 끝자락으로 가볍게 분무한다.

IDEA 2. 떨어지는 잎은 떼어 준다
드라세나 식물은 성장하면서 아랫잎이 자연스럽게 떨어진다. 그 이유는 자라나는 위쪽 잎으로 영양분이 가도록 잎을 떨구는 것이다. 위쪽 잎이 잘 자란다면 너무 걱정하지 말고 시든 잎은 바로바로 떼어 낸다.

IDEA 3. 키우기 쉬운 드라세나부터 시작한다
식물을 처음 키우는 초보자나 드라세나 종류를 처음 키운다면 마지나타, 맛상게아나(행운목), 콤팩타를 추천한다. 음지에 강하고, 자주 물을 주지 않아도 되어 편하다. 반대로 잎 색이 밝은 종류(송오브인디아, 산데리아나)는 좀 더 밝은 환경을 선호하고 물주기를 더 자주해 준다. 특히 산데리아나는 건조하지 않도록 신경써야한다.

5 성장하면서 휜 산데리아나의 줄기는 지지대를 세워서 곧게 잡아준다.
6 오랫동안 흙이 건조하거나 햇빛이 강할 때 혹은 실내습도가 낮으면 콤팩타의 잎 끝은 갈색으로 변한다.
7 드라세나는 줄기가 점점 더 나무처럼 변한다.

열대우림 분위기를 느껴보세요
필로덴드론 PHILODENDRON

● 　　실내 정원에서 열대우림의 분위기를 듬뿍 느낄 수 있는 식물을 추천해 달라고 한다면 필로덴드론을 가장 먼저 추천하고 싶어요. 다른 열대성 관엽식물과 비교했을 때 관리하기 편한 필로덴드론은 증산작용이 활발하고 음이온을 방출하는 대표적인 실내 공기정화 식물이에요. 필로덴드론 종류 중에서 화원에서 가장 흔히 볼 수 있는 셀로움은 갈라지는 잎 모양이 특별한 느낌을 주면서도 관리하기 편해요. 셀로움 외에도 시원한 느낌을 주는 커다란 잎을 자랑하는 콩고와 형광색 연둣빛의 잎이 매력적인 필로덴드론 레몬라임은 화분 하나만으로 실내에서 존재감을 나타내기 충분해요. 잎 모양이나 성장하는 모습에 따라서 크기가 다양하고, 특이한 잎을 가진 종류가 많아서 선택의 폭이 넓은 식물이에요.

이런 장점과 달리 필로덴드론 종류는 대부분 독성이 있다고 알려져 있어요. 가지를 칠 때 줄기에서 나오는 액체가 손에 닿지 않도록 주의해야해요. 어린아이나 애완동물, 피부가 약한 사람은 특히 조심하세요.

1 연두색 새잎이 중심으로 올라온 애플콩고.
2 셀로움의 잎은 사방으로 늘어진 줄기 끝자락에 달려있다.

흔히 보는 종류　　셀로움, 제나두, 콩고(애플, 레드, 그린), 레몬라임, 옥시카르디움(덩굴성)
추천 장소　　실내 거실 안쪽, 텔레비전장 옆, 현관

필로덴드론 키우기

빛

BEST   반음지
WORST   강한 햇빛

필로덴드론은 빛이 적은 실내나 그늘진 곳에서도 잘 성장한다. 필로덴드론은 내음성이 강한 반음지 식물로 특히 한여름의 강한 햇빛에 노출되면 잎이 상한다. 단, 오랫동안 통풍이 잘 되지 않는 그늘진 곳에서 화분을 관리하면 잎 색이 변하고 줄기가 썩을 수 있다.

온도

BEST   18~24℃
WORST   10℃ 이하

열대성 관엽식물인 필로덴드론은 한여름철 습하고 더운 날씨는 잘 견디지만, 추위에는 약해서 찬바람이 드는 서늘한 장소를 피해서 관리한다. 가장 선호하는 온도는 21℃며 겨울철에는 15℃ 이상 유지되는 환경이 적합하다. 온도가 너무 낮으면 잎과 줄기가 노랗게 되거나 잎이 떨어진다.

물주기

BEST   화분 흙 전체가 말랐을 때 물주기
WORST   늘 젖어 있는 흙

과습을 주의해야하는 식물이다. 줄기와 잎들이 두껍고 뿌리도 얇지 않아서 흙이 젖어 있는 상태를 잘 견디지 못한다. 화분의 겉흙이 완전히 마르고 2~3일 후 물을 주고 성장기에는 반그늘에서 7~10일 사이에 겉흙이 말랐을 때 듬뿍 물준다. 겨울철에는 보통 10~15일 사이에 물을 줘 과습되지 않도록 주의한다.

흔히 나타나는 현상

잎과 줄기가 노랗게 되거나 갈색으로 변한다 • 색이 변한 잎이 달린 줄기는 자른다. 잎이 여러 장 노랗게 변하다면 과습때문일 수 있으니 물주는 시기를 늦춘다. 반대로 흙이 너무 건조할 때도 잎이 갈색으로 변하므로 원인을 세심하게 체크한다.

잎과 줄기가 늘어진다 • 통풍과 빛이 부족한 환경에서는 뿌리의 활동이 활발하지 못해 물 관리가 힘들어질 수 있다. 잎과 줄기가 늘어지면 성장이 더뎌진다.

애 정 을   담 은   키 우 기

IDEA 1. 적절하게 가지친다
옆으로 낮게 뻗어가며 자라는 필로덴드론 종류(셀로움과 콩고)가 공간을 많이 차지할 경우 지나치게 늘어진 줄기나 길어진 줄기는 적당히 잘라가면서 관리한다. 반드시 가지치기를 해야 하는 식물은 아니지만 적절하게 가지를 쳐주면 더 깔끔하고 멋있는 모습으로 키울 수 있다.

IDEA 2. 공중습도를 높여준다
습도가 낮은 겨울철에는 실내에서 관리하면서 잎에 가볍게 분무해줘 습도를 높여주면 잎이 더 싱싱하게 유지되고 병충해(깍지벌레)를 예방할 수 있다.

IDEA 3. 공중뿌리로 번식시킨다
필로덴드론은 키우면서 줄기 중간에서 공중뿌리가 나온다. 공중뿌리가 나온 아랫부분을 잘라서 물꽂이한 뒤 아래쪽으로 뿌리를 내렸을 때 흙에 심어주면 쉽게 번식시킬 수 있다.

3 레몬라임은 밝은 형광색 잎이 특징적이다.
4 레드콩고는 새잎이 날 때 붉은 빛을 띤다.
5 필로덴드론은 성장하면서 줄기에서 공중뿌리가 많이 생긴다.

요즘 가장 핫한 식물을 만나보세요

몬스테라 MONSTERA

● 몬스테라는 몇 해 전부터 카페나 SNS 등에 인테리어 소품으로 자주 등장하는 식물이에요. 멕시코가 원산지인 몬스테라는 두꺼운 줄기 끝으로 찢어진 듯한 잎모양이 매력적이죠. 이런 모양 때문에 'Swiss cheese plant'라는 별칭을 가지고 있어요. 몬스테라 종의 찢어진 잎 모양은 비바람이 많은 자생지의 환경에서 살아남기 위한 그들만의 방법이라고 해요. 우리에게는 이런 특이한 모양의 몬스테라 잎이 개성 넘쳐 보여 실내에 멋스럽게 두고 싶은 욕심이 들게 만들어요.

몬스테라 종류마다 조금씩 모습의 차이가 있어요. 델리시오사는 갈라짐이 있는 커다란 잎이 특징적이고, 오블리쿠아는 잎 중간중간 구멍이 뚫려 있죠. 덩굴식물이라 성장하면서 줄기가 늘어질 수 있어요. 지지대로 세워 잡아주거나 잎이 작은 종류는 화분 바깥으로 줄기와 잎을 늘어뜨려 키우면 좋아요.

개성 있는 모습으로 인테리어 효과를 주지만 넓은 몬스테라 잎은 실내에서 가습 효과를 높이고 공기정화에도 좋아요. 뿐만 아니라 실내에서 키우기 까다롭지 않으며 생명력이 강하고 번식력도 뛰어난 몬스테라는 참 여러모로 키워보길 추천하고픈 식물입니다.

몬스테라를 키우면서 경험할 수 있는 몇 가지 일과 더 튼튼하게 오래 키울 수 있는 방법에 대해 이야기해 볼게요!

흔히 보는 종류 델리시오사, 오블리쿠아
추천 장소   실내 거실 안쪽, 소파 옆, 텔레비전장 옆(반쯤 그늘진 장소)

몬스테라 키우기

빛
BEST 반음지
WORST 양지, 강한 햇빛이 드는 곳

실내 반음지나 밝은 그늘에서 화분을 관리하는 게 가장 좋다. 한여름의 강한 햇빛은 피하고, 하루에 최대 4~5시간 햇빛이 드는 장소에서 키우는 것이 좋다. 빛이 너무 부족하면 성장이 느려지고 잎 색이 변해간다.

온도
BEST 18~27℃
WORST 10℃ 이하

열대성 관엽식물인 몬스테라는 더위에는 강하지만 추위에는 약해서 따뜻한 실내에 관리해야 한다. 10℃ 이하에서 성장을 멈추고, 지속적으로 온도가 내려가면 잎이 늘어지기도 한다.

물주기
BEST 겉흙이 완전히 말랐을 때
WORST 늘 젖어 있는 흙

뿌리와 줄기가 두꺼운 몬스테라는 화분 속 흙이 완전히 말랐을 때 물을 줘야 과습을 피할 수 있다. 화분 겉흙에서 안쪽으로 5cm 정도 말랐을 때 물을 주면 좋다. 줄기와 잎 모두 수분을 많이 머금고 있어서 물주기를 자주하면 뿌리가 썩고 줄기가 무르면서 잎이 노랗게 변해간다.

애 정 을   담 은   키 우 기

IDEA 1. 유리병에 꽂아 번식시킨다
몬스테라는 번식이 쉬운 식물 중 하나다. 보통 줄기를 잘라서 물꽂이 한후 뿌리가 내리면 흙에 심어주는 방법을 많이 사용한다. 번식할 때 유리병에 꽂아 인테리어 소품으로 활용해도 좋다.

IDEA 2. 습도를 높여서 키운다
키우는 장소의 습도가 너무 낮으면 잎 끝과 가장자리가 갈색으로 변한다. 겨울철 건조한 실내에서 키울 때는 특히 2~3일에 한 번씩 잎에 가볍게 분무해서 주변 습도를 높여준다.

1 델리시오사는 잎이 갈래갈래 찢어진 모습이 개성 넘친다.
2 잎 위로 구멍이 송송 나 있는 오블리쿠아의 특이한 잎 모양.

윤기나는 진한 초록잎이 매력적이에요
클루시아 CLUSIA

● 클루시아는 화원에서 보통 '크루시아'라는 이름으로 유통되어 아마 그 이름이 더 익숙할지도 몰라요. 잎 위에 글자를 새길 수 있을 정도로 잎이 질기고 강해서 'Autograph tree'라는 별칭도 있답니다. 매끈하고 윤기나며 살짝 각져 있는 도톰한 잎은 클루시아가 가진 가장 큰 매력이에요.

클루시아는 실내에 두면 가습 효과가 뛰어나고 장식적인 효과도 있는 공기정화 식물이에요. 게다가 관리하기 편하고 병충해에 강해서 관리에 크게 신경쓰지 않아도 잘 성장해요. 사실 주변에서 아주 흔히 볼 수 있는 식물 중 하나라서 클루시아의 예쁜 모습을 그냥 지나쳐 버릴 때가 많아요.

오랫동안 클루시아와 함께하면 햇빛 속에서 클루시아의 연두빛 새잎이 싱그럽게 올라오는 모습을 보는 설렘과 초록 잎의 무성한 매력에 푹 빠지게 되는 순간이 오기도 해요.

실내에서 오랫동안 쉽게 키울 만한 식물을 찾고 계신 분들에게 언제나 추천하고 싶은 클루시아, 더 건강하게 예쁜 모습으로 함께하세요.

1 줄기 끝에 돋아난 클루시아의 새잎.
2 살짝 각이 진 잎 모양의 클루시아.

흔히 보는 종류	클루시아, 무늬 클루시아(클루시아 무늬종)
추천 장소	하루 종일 햇빛이 드는 베란다, 거실 창가

클루시아 키우기

빛

BEST 양지
WORST 음지

클루시아는 햇빛에 강한 실내 관엽식물 중 하나다. 물론 반음지나 그보다 더 그늘진 곳에서도 견디지만 남향이나 아침 햇살이 드는 동향 등 햇빛이 내내 잘 드는 환경에서 균형 있게 성장하며 윤기 나는 잎을 보여준다. 잎과 잎 사이가 멀어지는 웃자람 없이 탄탄하게 키우려면 적어도 하루에 3~4시간 이상 빛을 받을 수 있는 밝은 그늘에서 두고 키운다. 빛이 부족하면 잎의 윤기가 사라지고 성장이 더뎌지므로 잎 상태를 보면서 빛이 부족하지는 않은지 체크한다.

온도

BEST 15~28℃
WORST 10℃ 이하

클루시아는 열대성 관엽식물로 봄부터 초가을까지는 실외나 베란다에 두고 키워도 되지만, 찬바람이 부는 계절부터는 실내에서 화분을 관리하며 추위로부터 보호한다. 더위에는 다소 강하지만 추위에는 약하다. 기온이 10℃ 이하로 내려가거나 찬바람이 드는 장소에 화분을 두면 수분이 많은 잎과 줄기가 얼고, 잎이 늘어지므로 온도 관리에 주의한다.

물주기

BEST 화분의 겉흙 말랐을 때 듬뿍 물주기
WORST 너무 건조한 흙

봄부터 초가을까지는 화분의 겉흙이 마르면 규칙적으로 물을 준다. 이때는 흙의 건조 여부와 함께 잎의 상태를 체크한다. 특히 화분 속 물 마름이 늦어지는 겨울철에는 과습되지 않도록 주의하며 보통 때보다 2~3일정도 주기를 늦춰 물주기를 한다. 겉흙이 말라 있더라도 잎이 아직 싱싱하다면 물을 주지 않는다. 보통 클루시아의 잎은 도톰하기 때문에 잎을 만져보면 물주는 시기를 확인 할 수 있다. 평소보다 얇아져 있을 때 물을 주면 과습을 피할 수 있다.

애 정 을   담 은   키 우 기

IDEA 1. 일 년에 한 번 가지치기한다
수평으로 넓게 자라는 클루시아를 너무 오랫동안 자라는 대로 내버려 두면 가지가 늘어지거나 단정하지 못하게 성장하기도 한다. 일 년에 한 번 봄에서 가을 사이의 성장기에는 지나치게 옆으로 펴진 가지들은 적당한 부분에서 정리해주고, 상한 잎이나 색이 변한 잎이 있으면 잘라주면서 키운다.

IDEA 2. 젖은 수건으로 잎을 닦는다
클루시아의 매끈하고 윤기나는 초록색 잎은 유난히 물 자국이나 먼지가 눈에 잘 띈다. 잎 위에 생긴 얼룩을 주기적으로 젖은 수건으로 닦아 주어 잎을 깨끗하게 유지한다.

IDEA 3. 3~4일마다 식물 주변에 가볍게 분무한다
잎이 얇지 않은 클루시아는 습도에 아주 예민하진 않지만 햇빛이 많은 장소에서 관리하면 습도가 너무 낮아질 수 있다. 또한 겨울철 습도가 낮고 통풍이 원활하지 않을 때 깍지벌레나 곰팡이병 등 병충해가 생길 가능성이 있다. 식물 주변에 3~4일에 한 번씩 가볍게 분무하면 병충해를 예방하고 더 건강하게 키울 수 있다.

3 잎을 주기적으로 닦아주면 먼지 제거와 함께 윤기를 유지할 수 있다.
4 주변 습도가 낮을 경우 클루시아 잎 주변으로 가볍게 분무한다.
5 클루시아는 키를 키우기 보다는 위쪽 가지를 잘라주며 곁가지를 늘려 풍성하게 키운다.

강렬한 아름다움을 보여주는 식물이에요
아펠란드라 APHELANDRA SQUARROSA

● 　　꽃과 잎이 모두 예쁜 아펠란드라예요. 아펠란드라 스쿼로사 대니아는 아펠란드라 종류 중에서 가장 흔히 만날 수 있고 잎과 꽃 모두 멋진 매력적인 식물이죠. 반들반들 윤기 나는 진초록색 커다란 잎 위로 흰색의 선명한 줄무늬가 돋보이고 잎 위쪽으로 노란 꽃이 피어날 때면 모두의 시선을 끌 만큼 강렬한 아름다움을 보여줍니다. 이런 모습이 얼룩말을 닮았다고 해서 'Zebra plant'라고 불리기도 해요. 사실 꽃처럼 보이는 기다란 노란색은 꽃을 감싸고 있는 포엽이에요. 진짜 꽃은 포엽 사이사이에 작게 숨어서 길쭉하게 얼굴을 내밀고 있어요. 꽃이 오래 피어 있진 않지만, 노란색 포엽은 한 달 넘게 지속되기도 해요.

아펠란드라는 이국적인 열대 식물 느낌을 주어 사계절 내내 평범한 초록 식물들 사이에서 포인트가 되어 줍니다. 실내에서 키우기 어렵지 않아서 식물을 처음 키우는 분들도 함께하기 좋아요. 화원에서 노란 꽃이 피어 있는 모습을 볼 때면 더 데려오고 싶어지는 아펠란드라. 실내에서 건강하고 오랫동안 키우기 위해서 꼭 기억해 둬야 할 몇 가지와 관리 방법을 알려 드릴게요.

흔히 보는 종류	아펠란드라 스쿼로사 대니아
추천 장소	햇빛이 잘 드는 베란다 창가, 실내 거실 안쪽 소파, 텔레비전 장 옆

아펠란드라 키우기

빛

BEST 반음지
WORST 햇빛이 들지 않는 실내 안쪽

아펠란드라는 다른 관엽식물과 비교했을 때 빛이 더 풍부하고 밝은 장소를 선호한다. 하루에 적어도 3~4시간 밝은 빛이 드는 장소에서 잘 자란다. 한여름 강한 햇빛은 특히 주의한다. 빛이 너무 적은 곳에서 키우면 꽃을 보기 어렵거나 잎의 윤기가 사라진다. 반대로 빛이 너무 강하면 잎이 주름지듯 말리거나 잎 끝이 타므로 키우는 장소의 일조량이 적당한지 잎의 상태를 봐가며 체크한다.

온도

BEST 18~27℃
WORST 13℃ 이하

열대성 식물인 아펠란드라는 고온에는 강하지만 추위에는 약하다. 아펠란드라가 가장 선호하는 온도는 18~21℃다. 겨울철에는 18℃ 이상의 실내에서 관리하고, 찬바람이나 추위에 지속적으로 노출되지 않도록 주의한다. 추운 장소에서는 잎이 늘어지고 떨어진다.

물주기

BEST 화분의 겉흙이 말랐을 때 듬뿍 물주기
WORST 늘 건조한 흙

아펠란드라는 줄기가 두껍고 잎이 도톰해 물마름이 빠르지는 않지만, 성장기와 개화기 동안은 규칙적으로 물을 준다. 흙을 건조하게 관리하면 잎이 처지면서 떨어진다. 봄부터 초가을까지 화분의 겉흙이 마르거나 잎이 살짝 늘어지는 모습을 보이면 바로 물주기를 한다. 겨울철에는 물주는 시기를 늦춰 흙을 건조하게 관리하고 과습되지 않게 주의한다. 과습으로 뿌리가 썩으면서 잎이 노랗게 되어 떨어진다.

애 정 을   담 은   키 우 기

IDEA 1. 겨울철에는 공중습도를 높여준다
아펠란드라는 다른 열대성 관엽식물보다 습도를 높여주는 일이 무엇보다 중요하다. 겨울철에는 더더욱 잎에 분무를 자주 해줘 주변습도를 높여준다. 하루에 한 번씩 가볍게 또는 2~3일에 한 번 잎에 전체적으로 분무해준다.

IDEA 2. 적절히 가지치기를 한다
적절하게 가지치기를 해주면 새로운 잎이 성장하고, 잎이 더 풍성해진다. 늘어진 잎과 아래쪽에 상한 잎은 잘라준다. 또한 노란색 포엽이 시들면 꽃이 핀 부분의 꽃대를 포함해서 바로 아래 줄기까지 함께 자른다.

IDEA 3. 병충해를 예방한다
습도가 너무 낮으면 온실가루이나 깍지벌레가 잎과 줄기에 생길 수 있다. 잎에 자주 분무해서 습도를 높이면 충분히 예방된다. 잎이 젖어 있으면 곰팡이병이 생기기도 하니, 통풍이 원활하지 않은 겨울철에는 분무 후 잎이 오래 젖어 있지 않도록 신경써준다.

IDEA 4. 잎이 자주 떨어질 때는 원인을 찾는다
종종 잎이 떨어지는데 흙의 건조함이나 추위, 또는 실내 냉방, 과도한 햇빛 등 그 원인이 다양하다. 잎이 떨어질 때는 원인을 찾아서 환경을 적절하게 바꿔준다.

1 줄기 사이사이로 아펠란드라의 작은 새잎이 올라온다.
2 포엽 사이로 피어있는 노란색 꽃.

푸른 실내정원에서 존재감을 드러내요
크로톤 CROTON

● 　　　푸르른 관엽식물이 가득한 실내에서 화려한 잎을 자랑하며 존재감을 드러내는 식물 크로톤이에요. 크로톤은 단풍같이 화려한 색상 때문에 어느 계절보다도 가을철 실내에서 더 시선을 끌어요. 크로톤은 잎 색과 모습이 다양한 식물 중 하나예요. 흔히 볼 수 있는 두꺼운 잎을 가진 크로톤부터 실처럼 가는 잎을 가진 종류, 초록색과 노란색 잎이 사이사이 섞여 바나나 색을 한 크론톤도 있어요.

사실 화원에서 크로톤을 볼 때면 잎 색이 참 예쁘다 생각하면서도 선뜻 골라 데려오기가 쉽지 않을 거예요. 잎 색이 워낙 알록달록 화려해 금방 질릴 것 같아 걱정되기도 하고, 어떤 화분에 담아줘야 하나 고민이 되기도 하죠. 무엇보다 우리 집에 잘 어울릴까 한 번 더 생각하게 되기도 해요. 크로톤 잎 색보다 더 튀지 않는 흰색이나 밝은 토분색을 가진 화분에 심기를 추천해요. 크로톤의 화려한 잎을 더 돋보이게 해주며, 초록색 잎만 가득한 실내정원에서 은은하면서도 색다른 분위기를 내줍니다. 햇빛을 좋아하는, 태양을 닮은 식물 크로톤의 매력에 취해보세요.

1 크로톤의 화려한 잎 색.
2 바나나잎처럼 잎이 노랗고 긴 바나나크로톤.

흔히 보는 종류　　아케보노크로톤, 실크로톤(가는잎 크로톤), 바나나크로톤, 맘크로톤
추천 장소　　거실 창가 앞, 베란다

크 로 톤 키 우 기

빛

BEST 햇빛이 잘 드는 실내 가장 밝은 곳
WORST 햇빛이 거의 들지 않는 실내, 어두운 곳

크로톤을 키우면서 가장 중요한 요소 중 하나가 빛의 양이다. 빛이 충분치 않으면 화려한 잎 색이 선명하지 못하며 잎이 떨어질 수 있다. 가급적 햇빛이 가장 잘 드는 장소에 화분을 두고 햇빛이 약한 가을~겨울철에는 창가로 화분을 이동해서 햇빛을 더 많이 받게 해준다.

크로톤은 빛을 많이 받으면 받을수록 잎 색이 더 선명하고 예쁘게 유지된다. 그늘진 장소에서 키우면 잎의 색이 흐려지거나 윤기가 사라지기도 한다. 결국 점점 초록색 잎만 가득한 순간을 맞게 된다.

온도

BEST 25℃
WORST 10℃ 이하, 찬바람이 드는 베란다나 창가

열대성 식물 크로톤은 관엽식물 중에서 유난히 추위에 약한 식물이다. 크로톤이 가장 좋아하는 온도는 18~29℃이며, 25℃ 정도의 따뜻한 곳을 선호한다. 최저 15℃까지는 견디지만, 18℃ 이상의 실내에서 겨울을 나게 해줘야 안전하게 좋은 모습을 유지하며 성장한다. 지속적으로 추위에 노출될 경우 잎이 모두 늘어지면서 떨어질 수 있다. 여름철에는 에어컨 주변에 화분을 놓지 않는다.

물주기

BEST 화분의 겉흙이 말랐을 때 듬뿍 물주기
WORST 늘 건조한 흙

크로톤은 흙이 완전히 마른 상태를 좋아하지 않는다. 보통 크로톤을 햇빛이 잘 드는 곳에서 키우기 때문에 화분의 흙이 완전하게 마르지 않도록 신경 쓴다. 봄부터 초가을까지는 화분의 겉흙이 말랐을 때 바로 물을 주고, 겨울철에는 2~3일 정도 물주는 시기를 늦추면서 건조하게 관리하되 과습되지 않도록 주의한다. 물주는 시기가 되면 잎이 아래로 처지고, 두껍고 빳빳한 잎을 만졌을 때 다소 느슨한 느낌이 들기도 한다. 한겨울에 갑자기 찬물을 주면 잎을 떨굴 수 있으니, 하루 전에 받아놓은 실온의 물을 준다.

애 정 을   담 은   키 우 기

IDEA 1. 잦은 화분 이동은 피한다
크로톤은 장소가 바뀌는 것에 예민한 식물이므로 너무 자주 화분을 이동시키지 않도록 주의한다. 가끔 새로 데려온 크로톤이 잎을 떨구는 모습을 볼 수 있는데, 한 장소를 정해 자리 잡고 관리하면 원래 상태를 회복하면서 건강한 모습으로 성장한다.

IDEA 2. 온도는 따뜻하게, 습도는 높게 유지한다
추위를 싫어하는 크로톤은 10℃ 이하로 내려가면 잎 색이 변하고 잎을 떨굴 수 있다. 5℃ 이하로 내려가면 식물이 죽을 수 있다. 크로톤는 습도가 높은 환경을 좋아하므로 매일 가볍게 잎 주변을 분무해서 공중습도를 높여준다.

IDEA 3. 습도 조절로 병충해를 예방한다
주변습도가 너무 낮아 건조할 때나 통풍이 지속적으로 원활하지 않을 때 깍지벌레가 생길 수 있다. 자주 잎 주변에 분무를 하면 이를 예방할 수 있다.

3 크로톤은 추위에 약해서 겨울철 잎을 떨구기도 한다.
4 화려한 색을 가진 크로톤의 잎은 넓고 도톰하다.

어느 공간에나 어울리는 친화력을 가졌어요
푸밀라 PUMILA

● 덩굴성 고무나무 종류인 푸밀라는 잎이 예쁜 대표적인 실내 관엽식물 중 하나예요. 늘어지는 긴 줄기에 하얀색으로 그려놓은 듯한 무늬를 가진 총총히 달린 잎이 사계절 내내 싱그럽고 신선한 모습을 보여줍니다. 푸밀라는 어떤 공간에서도 잘 어울려 친화력이 뛰어나고, 폭포처럼 떨어지는 작은 푸밀라 화분을 선반 위에 올려두거나 행잉 화분에 걸어서 장식하면 화분 하나만으로도 존재감을 나타냅니다. 개인의 취향에 따라 늘어지는 잎을 감상해도 좋고, 지지대에 줄기를 세워 감아가며 모양을 잡아주면서 키워도 예뻐요.

풍성한 초록잎과 매력적인 푸밀라는 화분색이나 종류에 따라 조금씩 다른 분위기를 보여주지만 어떤 화분을 골라서 심더라도 생기 넘치는 잎과 함께 잘 어우러져요.

키우기 어렵지 않은 식물로 공간을 생기 넘치게 만들어주고 싶다면 푸밀라 만한 식물도 없을듯해요. 푸밀라의 밝은 잎은 보고 있으면 기분이 좋아지고 예쁜 모습을 사진에 담아서 저장해 두고 자꾸 보고 싶게 만들죠. 실내에서 키우기 쉬운 편이지만 잎의 싱싱함을 유지하기 어려운 푸밀라를 늘 싱싱하게 키우는 방법을 알아봐요.

1 푸밀라의 덩굴진 줄기에 달린 잎은 언제나 싱그럽다.
2 줄기 끝자락으로 연두색 윤기 나는 새잎이 올라온다.

흔히 보는 종류　　푸밀라 고무나무
추천 장소　　　　반쯤 그늘진 실내 안쪽, 베란다

푸밀라 키우기

빛

BEST　반음지
WORST　햇빛이 거의 들지 않는 실내, 어두운 곳

푸밀라는 햇빛이 강하지 않는 장소에서 키운다. 아침나절 햇빛이 드는 반그늘이나 밝은 음지를 선호한다. 빛이 너무 적게 드는 곳에서 관리하면 잎의 무늬가 사라지고 웃자람 현상(잎과 잎 사이가 멀어짐)이 생길 수 있다. 반대로 빛이 너무 과하면 얇은 잎이 탈 수 있다.

온도

BEST　10~25℃
WORST　5℃ 이하

열대성 관엽식물인 푸밀라는 일반적인 실내 온도에서 잘 성장한다. 겨울철에는 따뜻한 실내에서 관리한다. 여름철에는 다소 온도가 높다 싶어도 큰 상관없지만, 겨울철 찬바람이 드는 5℃ 이하의 장소에서 관리하면 잎이 상할 수 있다. 겨울철에는 15℃ 이상의 실내에서 관리하면 적당하고 내내 푸르른 모습의 잎을 감상할 수 있다.

물주기

BEST　화분의 겉흙이 말랐을 때 듬뿍 물주기
WORST　물주는 시기가 반복적으로 늦어져 흙이 건조한 경우

푸밀라는 계절에 따라 물주는 주기가 조금씩 달라진다. 물마름이 빠른 봄부터 초가을까지 성장기에는 화분의 겉흙이 말랐을 때 바로 물을 주고 겨울철에는 평상시보다 물주는 시기를 2~3일 정도 늦춰 흙을 다소 건조하게 관리한다. 과습보다는 흙이 건조해 죽이는 경우가 많다. 화분의 물이 부족하면 잎이 마르면서 쭈글쭈글해지고 갈색으로 변해 떨어진다. 한번 마른 잎은 쉽게 회복되지 않으니 규칙적으로 물을 주도록 신경쓴다.

애 정 을   담 은   키 우 기

IDEA 1. 자주 잎에 분무한다
푸밀라는 높은 습도의 환경을 좋아한다. 물주는 시기와 상관없이 언제든지 분무한다. 매일 가볍게 또는 2~3일에 한 번 정도 잎 전체적으로 분무해 잎들을 더 싱싱하게 관리한다.

IDEA 2. 수경재배로 키운다
푸밀라를 키우다가 물관리가 잘 되지 않을 경우 뿌리의 흙을 모두 털어내고 수경재배로 키워도 좋다. 수경재배는 여름에는 관리하기 편해서 좋고, 겨울철에는 건조한 실내에서 가습 효과 낼 수 있어 좋다.

IDEA 3. 물꽂이로 번식한다
덩굴성으로 자라는 푸밀라는 줄기가 길게 늘어지면서 성장한다. 화분 밖으로 줄기가 너무 길게 늘어진다면 튼튼한 줄기를 몇 개 잘라서 물꽂이하여 뿌리내린 후 화분에 옮겨 심어보자.

IDEA 4. 잎이 심하게 마르면 응급처치한다
잎이 심하게 말랐을 때는 화분에 물을 흠뻑 주고 잎에도 분무한 다음 식물 전체에 비닐봉지를 씌워 그늘에 1시간 정도 둔다. 잎이 완전히 말라서 죽은 게 아니라면 어느 정도 잎이 회복된다.

늘 밝고 화사한 초록 친구예요
피토니아 FITTONIA

● 누군가에게 작은 화분을 선물할 때 추천할 만한 식물을 물어본다면 저는 바로 피토니아 종류를 추천할 거예요. 잎 위의 예쁜 무늬들이 매력적이고 잎 색도 다양하거든요. 키도 작고, 크기도 아담하지만 화분에 심었을 때 단조롭지 않아서 실내에서 부담 없이 키울 수 있어요. 잎을 만져보면 조화인지 의심이 들 정도로 바스락거리는 빳빳한 느낌이 이색적인데, 이게 피토니아의 매력 중 하나예요.

연중 화원에서 흔하게 만날 수 있는 피토니아 종류인 화이트스타와 레드스타는 계절에 상관없이 늘 밝고 화사한 모습 보여주고요, 오렌지빛이 도는 잎의 오렌지스타는 특히 겨울철 실내에 두면 따뜻한 분위기 만들어준답니다.

실내에서 다양한 모습으로 예쁘게 키울 수 있고 초보 가드너에게도 추천할 만할 정도로 키우기 어렵지 않아요. 몇 가지 관리방법만 잘 알아두면 분명 오래오래 옆에 두고 함께할 수 있는 식물 중 하나예요. 특징적인 멋진 무늬를 가진 피토니아 종류들, 이제 만나볼까요?

1 잎 가장자리의 초록색 선과 잎 무늬가 특징적인 화이트스타.
2 따뜻한 오렌지빛 잎 색을 뽐내는 오렌지스타.

흔히 보는 종류	그린, 화이트스타, 레드스타, 오렌지스타
추천 장소	은은한 햇빛이 들어오는 거실 테이블 위, 거실 선반 위

피토니아 키우기

빛

BEST 반음지
WORST 양지 또는 어두운 그늘

피토니아는 반음지에서 키우기 적합한 식물이다. 햇빛이 강한 장소에 두면 잎 끝이 타고 화분 속 물이 너무 빠르게 말라서 잎들이 늘어진다. 반대로 빛이 너무 적은 곳에 화분을 두면 잎 위의 무늬들이 사라지므로 아침나절 은은하게 햇빛이 드는 장소를 찾아서 화분을 관리한다.

온도

BEST 15~25℃
WORST 겨울철 찬바람이 드는 창가

열대성 식물인 피토니아는 겨울철 추위에 약하다. 여름철에는 물 관리만 잘해주면 온도에 민감하게 반응하지 않지만, 겨울철에는 추위에 노출되면 잎이 얼어버리므로 따뜻한 실내에서 키운다. 여름철에도 냉방기 가까운 곳에 화분을 두지 않는다.

물주기

BEST 겉흙이 완전히 말랐을 때 물주기
WORST 너무 건조한 흙

잎과 줄기에 어느 정도 수분을 저장하고 있으므로 과습되지 않도록 주의한다. 봄부터 가을까지는 화분의 겉흙이 말랐을 때 잎 상태를 함께 체크하면서 듬뿍 물을 주고, 무더운 여름철에는 3~4일, 겨울철에는 일주일 주기로 물을 준다. 지속적으로 흙이 건조한 상태가 반복되면 시들고 잎이 말라 전체적인 모습이 예쁘게 유지되지 않는다.

물주는 시기를 제대로 파악하기 힘들다면 피토니아의 잎 상태를 확인하면서 물주기를 해도 좋다. 물 줄 때쯤이 되면 다소 빳빳했던 피토니아 잎이 살짝 늘어지면서 느슨해진 것을 알 수 있다. 이때 물을 줘야 한다.

애 정 을   담 은   키 우 기

IDEA 1. 이틀에 한 번 잎에 분무한다
실내가 건조하면 잎 끝이 마르거나 잎이 살짝 안쪽으로 말린다. 이틀에 한 번 전체적으로 가볍게 분무해 공중습도를 높여준다. 이렇게 적정습도를 유지해주면 늘 싱그러운 잎을 감상할 수 있다.

IDEA 2. 적절한 가지치기로 깔끔하게 유지한다
피토니아는 키가 크게 자라기보다는 줄기가 옆으로 넓게 뻗으면서 자란다. 줄기와 잎이 무성해 화분 가득 넘쳐 지저분해보이지 않도록 적당하게 가지치기를 해주어 깔끔한 모습을 유지한다. 아래쪽이나 식물 안쪽을 살펴 색이 변하거나 시든 잎은 잘라가면서 관리한다.

IDEA 3. 다양하게 번식한다
피토니아는 포기 나누기와 꺾꽂이로 쉽게 번식한다. 키우면서 화분의 크기에 비해 잎과 줄기가 너무 가득 차면 물꽂이로 뿌리를 내린 뒤 흙에 옮겨 심어준다.

이름만큼 정겨운 잎들이 사랑스러워요
페페로미아 PEPEROMIA

● 다육질의 잎이 매력적인 관엽식물 페페로미아예요. 가끔 페페로미아가 다육식물의 일종인가 갸우뚱하는 분들도 있지만 '페페'는 후추과에 속하는 관엽식물 중 하나입니다.

우리가 화원에서 흔히 볼 수 있는 페페로미아 종류 외에도 대략 1,000여 종 이상이 존재하는데, 잎 모양이 달라서 모양에 따라 'ㅇㅇ페페'라는 이름을 붙여 불러요. 페페로미아는 다양한 잎 모양만큼이나 각기 다른 매력을 갖고 있어요. 취향에 맞는 페페를 고르는 재미가 있답니다.

페페로미아는 여름쯤 꽃이 올라와요. 감상 가치가 있을 정도로 예쁜 꽃은 아니지만 뾰족하고 기다란 페페 꽃이 잎들 위로 올라온 모습을 볼 땐 신기하면서도 잘 성장하고 있구나 하는 느낌이 들어요.

페페로미아는 초보 가드너에게도 추천할만한 관엽식물이에요. 대부분 생명력이 강하고 관리가 쉬운 편이라 튼튼한 종을 데려와서 키우면 오랫동안 함께할 수 있을 거예요. 실내 환경에 예민하지 않으면서 빛이 조금 적다 싶은 곳에서도 무난하게 자라요. 게다가 가지치기하면서 자른 줄기를 물꽂이하면 쉽게 번식할 수 있어요. 페페로미아를 예쁘고 튼튼하게 키우기 위해서 꼭 기억해둬야 할 사항을 이야기해봐요.

1 왼쪽부터 수박페페, 레드페페, 줄리아페페.
2 왼쪽부터 신홀리페페, 이사벨라페페.
3 수박페페와 홀리페페는 잎의 무늬가 선명한 대표적인 페페 종류이다.

흔히 보는 종류   페페로미아(청·홍·칼라·레드), 수박, 줄리아, 홀리, 신홀리, 이사벨라, 아몬드

추천 장소   창가에서 조금 떨어진 밝은 거실의 테이블 책상 위, 주방 창가

페페로미아 키우기

빛
BEST 반음지
WORST 햇빛이 거의 들지 않는 실내

청페페나 홍페페, 이사벨라페페는 그늘진 곳에서도 잘 견디지만 하루에 적어도 3~4시간 정도 햇빛이 드는 반음지에서 가장 튼튼하게 성장한다. 특히 칼라페페나 수박페페 등 잎에 색이나 무늬가 있는 종류는 더 밝은 장소에 두는 게 좋다. 한 여름철 하루 종일 햇빛이 드는 장소는 피한다. 햇빛이 과할 경우 잎이 늘어진다. 반대로 빛이 너무 약한 곳에 오랫동안 두면 웃자라거나 포기가 약해지기도 한다. 이때는 규칙적으로 햇볕을 쪼일 수 있도록 옮겨준다.

온도
BEST 18℃ 이상 유지
WORST 찬바람이 들어오는 창가나 베란다

열대가 원산지인 페페로미아는 고온다습한 환경에는 강한 편이지만 추위에는 약하다. 찬바람이 불기 시작하면 따뜻한 실내 안쪽으로 들여온다.

물주기
BEST 화분의 겉흙이 말랐을 때 듬뿍 물주기
WORST 과습

페페로미아가 죽는 가장 큰 이유는 과습이다. 특히 습도가 높은 장마철이나 겨울철에 흙이 너무 젖어 있지 않도록 해준다. 반음지에서 키울 경우 성장기(봄부터 가을) 동안에는 5~7일, 늦가을부터 겨울 동안은 7~10일 주기로 물을 주되, 화분의 겉흙이 완전히 말라 있는지를 확인한다. 페페로미아는 과습 시 줄기 아래쪽이 무르고 까맣게 썩거나 뿌리째 뽑히기도 하고 잎이 뚝뚝 떨어진다.

물주는 시기 체크하기

청페페·홍페페·칼라페페 • 넓고 도톰한 페페의 잎이 얇아졌다고 느낄 때.

줄리아페페·아몬드페페·수박페페 • 도톰한 페페의 잎이 다소 얇아지고 줄기가 약간 늘어졌을 때.

신홀리페페·이사벨라페페 • 줄기가 약간 늘어지고 잎이 다소 작고 얇은 페페로 물주는 시기가 되면 잎이 살짝 안쪽으로 말린다. 다른 페페보다는 좀 더 규칙적으로 물을 준다. 단, 과습에 주의한다.

애 정 을   담 은   키 우 기

IDEA 1. 적절한 가지치기로 풍성하게 유지한다
성장이 빠른 편인 페페로미아는 실내에서 키울 때 너무 무성하게 자라지 않도록 적절하게 가지치기를 해준다. 올망졸망한 잎이 예쁘지만 지나치게 늘어지는 잎이나 줄기 아래쪽에 상한 잎이 보이면 잘라주고, 줄리아페페나 아몬드페페처럼 위로 크는 종류는 새순이 올라오는 봄에 가지치기해 키를 키우기보다 곁가지를 내어 풍성하게 자라도록 하면 더 아름답다.

IDEA 2. 너무 건조한 장소에 두지 않는다
페페로미아는 흙이 습한 상태는 싫어하지만, 공중습도가 높은 환경은 좋아한다. 습도가 너무 낮은 실내나 통풍이 원활하지 않는 곳에 화분을 두면 줄기에 깍지벌레나 응애가 생기기 쉬우므로 2~3일에 한 번 잎에 가볍게 물 분무를 해서 주변 습도가 낮아지지 않도록 관리한다.

IDEA 3. 잎이 시들할 때 분갈이한다
물 관리를 제대로 하면서 환경적인 문제가 없는데도 잎이 시들시들 힘이 없다면 화분 속 뿌리가 문제일 수 있다. 배수가 원활하게 이뤄지는 흙이 적합하며, 그렇지 못할 경우 뿌리에 산소 공급이 원활하지 않아서 잎이 시들 수 있다. 이때는 화분에서 꺼내 물 빠짐이 좋은 새로운 흙으로 분갈이를 해준다.

4 여름에서 가을 사이 페페로미아는 잎 사이로 기다란 꽃대를 올린다.
5 단단하면서 질감이 느껴지는 줄리아페페의 잎은 조화 같은 느낌을 준다.
6 홀리페페의 새잎이 올라오는 모습.

사계절 내내 잎이 예뻐요
마삭줄 TRACHELOSPERMUM ASIATICUM

● 사계절 내내 잎이 예쁜 식물이 뭐가 있을까요?라고 묻는다면 저는 주저 없이 '마삭줄'을 추천할 거예요. 계절마다 다양한 색의 예쁜 잎을 달고 있는 마삭줄은 꽃피는 식물들 부럽지 않은 아름다움을 선보입니다.

물론, 꽃초설처럼 잎이 예쁘고 자스민 향이 나는 꽃이 피는 종류도 있지만, 노란색과 주황색이 함께 어우러진 황금마삭줄은 늘 꽃처럼 밝고 화사한 모습을 보여준답니다. 특히 오색마삭줄은 분홍색, 초록색 그리고 흰색 잎들이 뒤섞여 가장 눈에 띌 뿐 아니라 환상적인 분위기를 풍겨 화원에서 최고의 인기를 누리는 식물이에요. 마삭줄과 식물은 잎 크기와 색이 다양해서 늘어지는 줄기를 따라 풍성한 잎이 달리는 등 늘 멋진 모습을 보여줘요.

예쁜 잎의 모습에 보는 순간 단번에 집으로 데려오게 되는 마삭줄 화분은 사실 키우기 쉬운 듯 하면서도 까다로울 수 있어요. 조금 신경 덜 써도 무난하게 크는 종류가 있는 반면 그렇지 않은 종류도 있어요. 실내에서 키우기 쉬운 마삭줄을 예쁘게 키우면서 오래 함께할 수 있는 방법을 알려 드릴게요!

1 두꺼워진 목대와 늘어져 있는 줄기가 멋스러운 오색마삭줄.
2 줄기를 따라 작은 잎이 달린 좀마삭줄.
3 성장하면서 잎이 가득 들어찬 마삭줄 화분.
4 황금마삭줄은 빛을 많이 받으면 선명한 노란색을 띈다.

흔히 보는 종류 오색마삭(초설마삭, 꽃마삭), 황금마삭, 좀마삭, 칼라마삭, 꽃초설
추천 장소 밝은 햇빛이 드는 베란다, 실내 창가

마삭줄 키우기

빛

BEST   양지 또는 실외(겨울철 제외)
WORST 햇빛이 거의 들지 않는 실내

마삭줄 종류는 대체로 실내에서 햇빛이 가장 잘 드는 밝은 장소를 선호한다. 특히 다채로운 잎 색을 가진 오색마삭줄이나 황금마삭줄, 칼라마삭줄은 빛이 부족하면 원래의 예쁜 잎 색이 지속적으로 유지되지 않는다. 빛이 적은 장소에서 오래 키우면 잎이 전체적으로 초록색으로 변하고 포기가 약해지므로 사계절 내내 실내에서 가장 밝은 곳에서 화분을 관리하거나 환경이 된다면 추워지기 전까지는 실외에 화분을 두고 관리해도 좋다.
마삭줄은 빛이 많고 일교차 커지는 가을부터는 전체적으로 잎이 붉게 물들기도 하는데 이때가 전체적으로 가장 아름답고 매력적인 순간이다.

온도

BEST   10~28℃
WORST 0℃ 이하

아주 약하진 않지만 화분에서 관리하는 경우 한겨울에는 최저 5℃ 이상의 장소에 둔다. 영하로 떨어지는 장소에서는 잎을 떨굴 수 있다. 실내에서 화분에 키울 때는 너무 낮은 온도와 찬바람에 노출되지 않도록 주의한다. 고온에는 강하므로 나머지 계절에는 크게 신경 쓰지 않아도 괜찮다.

물주기

BEST   화분의 겉흙이 말랐을 때 듬뿍 물주기
WORST 건조한 흙

물을 좋아하는 마삭줄과 식물은 화분의 겉흙이 마르면 바로 물을 준다. 과습보다는 흙이 말라서 죽는 경우가 많으므로 화분의 흙이 바짝 마른 상태가 지속되지 않도록 규칙적으로 물을 준다. 물이 말라서 잎이 바스락 거리지 않도록 주의한다. 특히 오색마삭줄과 황금마삭줄은 흙이 너무 마르지 않도록 신경 쓴다. 물이 부족하면 잎이 빨리 마르고, 한번 마른 잎은 다시 회복이 되지 않는다.

애 정 을   담 은   키 우 기

IDEA 1. 2~3일에 한 번 잎에 분무한다
습도에 아주 민감하진 않지만 2~3일에 한 번, 특히 실내습도가 낮은 겨울철에는 조금 더 자주 잎에 분무해 습도를 높여주면 잎이 더 싱싱하고 깨끗하다.

IDEA 2. 적절하게 가지치기한다
덩굴성으로 자라는 마삭줄은 키우다보면 줄기와 잎이 화분 가득 차게 된다. 이때는 지지대를 세워 줄기를 감아주거나 화분 가장자리를 따라서 줄기를 감아주기도 한다. 화분 크기에 맞춰서 적절하게 가지치기 해주면 깔끔한 모습을 유지할 수 있다.

IDEA 3. 시든 잎은 바로 제거한다
잎이 화분에 가득 차면 안쪽이나 아래쪽 잎이 갈색으로 변하기도 하는데 시든 잎이나 마른 가지가 보이면 잘라서 관리 해준다.

5 성장하면서 너무 늘어지거나 마른 가지는 잘라준다.
6 주변 습도가 낮으면 잎 위로 가볍게 분무해 준다.

공간에 자연스러운 싱그러움을 불어 넣어요
고사리과 식물 FERN

● 실내 식물로 꾸준히 사랑받고 있는 고사리과 식물은 사시사철 늘 푸른 잎을 보여주면서도 보통 관엽식물과는 또 다른 매력의 소유자예요. 양치식물은 종류가 수 만개이고 대부분 잎만 봐도 고사리과 식물이구나 싶은데, 박쥐란처럼 '이게 고사리과 식물이었어?'라고 놀라게 되는 특별한 모습도 있답니다.

생물 시간의 기억을 더듬어보면 고사리과 식물은 습한 환경을 좋아한다고 했지요. 화원에서 매력적인 고사리과 식물을 데려오려 했을 때 관리하기 어려울 거라는 생각에 망설여지는 경우가 많으리라 짐작되어요. 하지만 고사리과 식물은 종류가 다양해 저마다 관리 방법이 조금씩 달라요. 물론 여러 번 키웠다가 죽이기를 반복할 정도로 까다로운 종류(잎이 유난히 얇고 물주기에 더 신경써야하는 아디안텀, 프테리스)도 있지만 넉줄고사리나 파초일엽, 보스턴고사리처럼 특별한 관리 없이도 실내에서 오랫동안 함께할 수 있는 종류들도 있어요.

고사리과 식물은 다른 관엽식물과 달리 직선으로 성장하기 보다는 줄기나 잎이 늘어지면서 아치형을 이루는 경우가 많아 작은 숲이 연상되기도 하고요, 실내 어디에 두어도 도드라지지 않고 자연스러운 분위기를 연출하기 때문에 꼭 한번쯤 실내에서 고사리과 식물을 키우면서 즐겁게 감상하길 추천해요.

흔히 보는 종류	넉줄고사리(후마타), 보스턴고사리, 파초일엽(아스플레니움 아비스), 프테리스, 더피(레몬버튼), 아디안텀, 폴카타고사리
추천 장소	습도가 일정하게 유지되는 공간, 간접광이 드는 실내 안쪽, 거실 선반, 테이블 위

고사리과 식물 키우기

빛

BEST 반음지
WORST 양지 또는 어두운 그늘

고사리과 식물은 대체로 반음지 환경을 선호한다. 넉줄고사리나 파초일엽은 빛이 조금 부족한 곳에서도 무난하게 견딘다. 좀 더 밝은 빛 아래서도 잘 성장하는 보스턴고사리는 한여름 뜨거운 햇빛만 피한다면 어디서라도 무난하게 성장한다. 잎 색이 밝고 무늬가 있는 프테리스는 반음지를 선호하지만, 이처럼 잎에 무늬가 있는 종류는 햇빛이 너무 부족하면 무늬가 연해지고, 바래거나 포기가 연약해지기도 한다. 반대로 햇빛이 강한 곳에서는 잎 끝이 타면서 전체적으로 마른다.

온도

BEST 15~25℃
WORST 5℃ 이하, 찬바람이 들어오는 베란다나 창가

대부분의 고사리과 식물의 적정 관리온도는 최저 15~25℃다. 고온다습에는 강하지만 추위에는 약하므로 겨울철 지속적으로 온도가 내려가는 장소는 피한다.

물주기

BEST 화분의 겉흙이 말랐을 때 듬뿍 물주기
WORST 과습, 늘 건조한 흙

고사리과 식물은 물주기가 매우 중요하다. 흙이 축축한 상태가 어느 정도 유지되는 것을 좋아하지만, 항상 흙이 젖어 있는 과습에 주의한다. 과습 시 잎이나 줄기가 노랗게 변할 수 있다. 늦봄부터 한여름까지 대략 2~3일 주기로, 가을부터 겨울에는 대략 4~5일 주기로 물을 줘 건조하게 관리한다. 단 화분의 종류나 키우는 환경에 따라서 물주기를 더 자주하거나 더 건조하게 관리하기도 한다.

물주기에 신경쓰기

프테리스·아디안텀 • 잎이 유난히 얇은 고사리과 식물은 규칙적으로 물을 주지 않으면 새잎이 모두 마른다. 잎이 전체적으로 마르면 차츰 바스락거려 회복할 수 없다.

더피(레몬버튼) • 프테리스나 아디안텀보다는 흙의 건조함에 더 강하지만, 흙이 지나치게 건조하면 줄기에 달린 잎이 말라서 떨어지거나 잎 끝이 상하고 줄기와 잎 전체가 갈색으로 마른다.

애 정 을 담 은 키 우 기

IDEA 1. 적당한 햇빛을 쐬여준다
고사리과 식물은 통상 음지에 강하다고 알려져 있지만 실제로 음지보다는 조금 더 밝은 장소에서 키우면 좋다. 음지에 오래 두면 포기가 전체적으로 약해지고 불균형하게 성장한다. 새잎이 지속적으로 올라오지 못하고 기존의 잎도 시들해져 잎의 수가 점차 눈에 띄게 줄어든다. 넉줄고사리나 보스턴고사리는 잎의 윤기가 사라지고 얇아지면서 잎의 폭이 좁아지기도 한다.

IDEA 2. 적정습도를 유지한다
고사리과 식물은 엄밀히 말해 흙이 습한 상태를 좋아한다기보다 공중습도가 높은 환경을 선호한다. 어떤 종류든 이틀에 한 번은 잎 전체적으로 물 분무를 해줘 건조함으로 인해 잎 끝이 갈색으로 변하는 현상이 생기지 않도록 관리한다.

IDEA 3. 화분은 돌려가며 키운다
사방으로 늘어지는 풍성한 잎이 매력적인 보스턴고사리는 유난히 햇빛을 향해서 자라므로 주기적으로 화분으로 돌려가면서 키운다. 오랫동안 한 방향으로만 햇빛을 받으면 사방으로 퍼져 있던 잎이 한쪽으로 치우친다.

1 화분에서 넘칠 듯 잎이 풍성한 보스턴고사리.
2 고사리과 식물의 특징적인 모습과 뿌리줄기가 매력인 넉줄고사리(후마타).
3 가는 줄기 위로 얇은 잎이 덤불을 이루며 성장하는 프테리스.
4 동그란 잎이 줄기를 따라 가득 달린 더피.

난이도에 따른 고사리 키우기

유행을 타지 않고 늘 사랑받는 고사리과 식물은 키우기 어렵다고 알려졌지만, 난이도에 따라 초보자에게 적합한 고사리도 있으니 자신의 실력과 환경에 맞는 것을 찾아보자.

우선 초심자에게는 넉줄고사리와 파초일엽을 추천한다. 일조량이 적은 환경에도 잘 적응하고 겨울철 관리만 주의하면 무난하게 자란다. 중급자에게는 보스턴고사리, 더피 그리고 폴카타고사리를 추천하는데, 이들은 습도에 신경쓴다. 마지막으로 난이도 상급에 해당하는 프테리스와 아디안텀이 있다. 잎이 얇고 건조함과 습도에 예민한 종이라 물주기에 특히 신경을 써야 한다. 그러나 관리가 어려운 만큼 예쁜 잎으로 보답하니 초급과 중급 난이도를 통과했다면 반드시 도전해보길 바란다.

★ 넉줄고사리 (후마타)

넉줄고사리의 가장 큰 특징은 줄기가 변형되어 나타나는 뿌리줄기인데 여기에서 새잎이 올라온다. 이런 특성 때문에 뿌리줄기가 흙 위로 나오도록 화분에 심어준다. 넉줄고사리는 다소 햇빛이 적은 환경에서도 잘 적응하고 성장해 고사리과 식물 중에서 가장 키우기 쉬운 종류에 속한다. 흙의 건조함에도 강한 모습을 보인다. 지나치게 건조하지 않고 일반적인 실내 습도가 유지된다면 잎 끝이 마르는 등의 현상은 나타나지 않는다. 여름철에는 겉흙이 말랐을 때, 2~3일에 한 번 물주고 겨울철에는 4~5일에 한 번 물을 주도록 한다. 대신 잎에 자주 분무해서 주변 습도를 높여주면 잎을 더 싱싱하게 관리할 수 있다.

★ 파초일엽
(아스플레니움 아비스)

시원시원하게 뻗은 잎과 잎이 물결치는 듯한 가장자리가 매력적인 파초일엽 역시 실내에서 키우기 쉬운 고사리과 식물이다. 햇빛이 적은 곳에서도 잘 적응하고 건조한 겨울철에 관리만 주의하면 무난하게 키울 수 있다.

다른 고사리과 식물과 비교했을 때 파초일엽은 잎이 도톰해서 흙의 건조함에도 강한 편이다. 화분의 겉흙이 말랐을 때 물 주고, 실내 반음지에서 키울 경우 여름철에는 3~4일에 한 번, 겨울철에는 5~7일에 한 번 물을 줘 과습되지 않도록 신경쓴다.

★★ 보스턴 고사리

실내 공기정화 능력이 뛰어난 보스턴고사리는 잎이 가장 고사리과 식물답게 생겼다. 연둣빛 도는 잎이 사방으로 퍼져 화분을 가득 메우고, 자라면서 점점 잎이 늘어지며 풍성하고 멋진 모습을 보여주는 식물이다. 높이감이 있는 화분에 담아 키우거나 선반 위에 올려두면 폭포처럼 떨어지는 싱그러운 잎을 감상하는 재미가 쏠쏠하다.

보스턴고사리는 빛의 양이 적은 곳에서도 잘 견디지만, 밝은 음지나 반그늘 환경을 더 선호한다. 너무 빛이 적으면 본연의 연둣빛 잎이 퇴색하고, 잎이 얇아져서 풍성한 모습을 보기 힘들다. 가장 예쁜 모습으로 키우려면 다른 고사리과 식물을 관리하는 장소보다 밝은 곳을 추천한다.

흙의 건조하더라도 치명적인 문제는 생기지 않지만 안쪽에서 올라오는 새잎이 마르지 않도록 너무 흙이 마르지 않게 관리한다. 반음지에서 관리 시 여름철에는 2~3일에 한 번, 겨울철에는 4~5일에 한 번 정도 물을 준다.

잎 전체적으로 촉촉하게 물을 분무해 주면 잎 끝이 마르지 않고 잎 끝자락까지 싱싱하게 유지된다. 겨울철에는 매일 가볍게 분무해 줘도 좋다. 주변 습도만 건조하지 않게 잘 유지하면 오랫동안 실내에 싱그러움을 불어넣어준다.

★★
더피
(레몬버튼)

늘어지는 줄기 따라 동글동글한 잎이 달려 있는 더피는 '레몬버튼'으로도 불린다. 잎의 모습이 귀엽고 사랑스러운 것이 특징이다. 그늘진 환경보다는 반그늘을 선호하고, 흙이 너무 건조해지지 않게 관리한다. 주기적으로 물주는 시기가 늦어지면 줄기 전체가 갈색으로 마르거나 잎 끝도 많이 상한다. 겉흙이 말랐을 때 듬뿍 물을 준다. 습도에 아주 예민하지는 않지만 최대한 2~3일에 한 번은 잎 전체적으로 분무해서 잎 끝이 마르지 않도록 관리해야 아름답게 큰다.

★★
폴카타 고사리

긴 줄기에 진초록색의 넓고 동그란 잎이 달린 폴카타고사리도 추천한다. 반그늘보다 더 빛이 부족한 곳에서도 무난하게 적응하고 자라는데 습도에 예민한 몇몇 고사리과와 달리 실내의 40% 정도의 보통 습도에서 잎끝이 상하지 않는다. 다만 흙이 건조하면 잎이 아래쪽으로 살짝 늘어지고 마르므로 이런 현상이 나타나기 전에 겉흙이 마르면 듬뿍 물을 준다. 3~4일에 한 번 잎 전체적으로 가볍게 분무해 준다.

★★★
프테리스 · 아디안텀

프테리스와 아디안텀은 고사리과 식물 중에서 유독 예쁜 잎을 뿜낸다. 프테리스는 화분 자체를 들여보면 작은 덤불 같고, 은행나무 잎처럼 생긴 작고 귀여운 잎의 아디안텀은 작은 나무 같아 한 번쯤 꼭 키우고 싶은 생각이 든다. 하지만 잎이 얇아 키울 때 다소 어렵게 느껴진다. 흙의 건조함에 유난히 약하고 실내 습도에 예민하다. 습도 관리가 제대로 되지 않았거나 물주기를 잘못했을 때 아쉽게 이별한다.

화분에서 키울 때는 물주기에 각별히 신경 쓴다. 겉흙이 완전히 마르기 바로 직전 물을 준다. 반그늘에서 관리 시 여름철에는 2일에 한 번, 겨울철에는 3~4일에 한 번 화분의 겉흙이 마른지 확인하고 물을 준다. 거기다 더해서 하루에 한 번, 적어도 이틀에 한 번은 잎 전체적으로 물 분무를 해줘 습도를 높여주면 싱그러운 모습을 유지한다.

1 싱그럽게 성장한 프테리스의 잎.
2 더피는 습도가 낮거나 규칙적으로 물을 주지 않으면 잎 끝이 상하거나 중간중간 말라서 떨어진다.
3 넉줄고사리의 뿌리줄기는 시간이 지나면서 화분 바깥을 감싸듯이 성장한다.
4 폭포처럼 떨어지는 잎이 아름다운 보스턴고사리.
5 잎 위에 무늬가 있는 파초일엽의 개성 넘치는 잎이 화분 바깥으로 뻗어 싱그럽다.

밤이면 잎을 모아 기도하는 것 같아요
칼라데아 CALATHEA

　　　　　화원을 둘러보면 유독 화려한 잎을 자랑하는 식물이 있어요. 잎 위에 무늬를 새겨놓은 듯한 칼라데아가 그런 식물 중 하나죠. 칼라데아 식물은 겉모습은 비슷해 보이지만 가만히 들여다보면 잎의 크기와 모양, 무늬가 제각각 다른 매력을 뽐내고 있는 걸 발견할 수 있어요.

칼라데아는 낮과 밤에 각각 다른 모습을 보여주는 식물이기도 해요. 햇빛이 있는 낮에는 잎이 모두 밖으로 펼쳐져 있지만, 해가 지고 밤이 되면 모두 중심으로 모아져 잎 뒷면의 색을 드러내기도 하죠. 밤이 되면 수분을 모으기 위해 잎이 모아지는 모습 때문에 '기도하는 식물'이라고 불려요.

칼라데아 종류 식물은 대체로 잎의 뒷면이 자줏빛을 띠는 경우가 많아 밤마다 초록이 아니라 자줏빛의 매혹적인 모습으로 변신해요.

밤에는 수분을 끌어 모으고 낮엔 증산 작용을 활발히 하고 실내의 먼지를 제거하는 능력이 뛰어난 공기정화 식물입니다. 다른 관엽식물에 비해 비교적 습도가 높은 환경을 좋아해요. 추위에 약해 관리하기 까다로운 면이 없진 않지만 성장하면서 실내 공간을 크게 차지하지 않죠. 한 번 칼라데아와 함께하면 그 매력에 흠뻑 빠져들게 될 거예요.

1 독특한 무늬가 돋보이는 마코야나.
2 자연스러운 선을 이루면서 뻗은 진저.
3 짙은 초록색 잎과 분홍색 줄이 그려진 무늬가 있는 로제오픽타.

흔히 보는 종류 　　진저, 루피바르바, 마코야나, 인시그니스, 프레디, 로제오픽타
추천 장소 　　　　은은하게 햇살이 드는 창가에서 떨어진 실내 안쪽, 텔레비전장 옆, 거실 테이블 위

칼라데아 키우기

빛

BEST   반음지
WORST   강한 햇빛이 드는 베란다나 창가

칼라데아는 간접광, 반음지, 밝은 음지를 좋아하는 대표적인 실내 반음지 식물이다. 햇빛이 너무 강하면 칼라데아의 잎이 안쪽으로 말리거나, 잎 끝이 갈색으로 변하면서 탄다. 또한 원래 가진 잎 색보다 더 색이 연해질 수 있으므로 잎 끝자락이 갈색으로 변하면 반드시 빛이 적은 곳으로 옮겨준다. 반대로 햇빛이 너무 약하면 칼라데아 고유의 잎 무늬가 흐려지거나 성장이 더뎌지기도 한다.

온도

BEST   최저 18℃ 이상 유지
WORST   겨울철 찬바람이 드는 창가나 베란다

칼라데아는 고온다습한 환경을 좋아한다. 겨울철 15℃ 이하로 온도가 내려가는 장소에서는 식물의 모습에 이상이 생길 수 있다. 추위를 타면 전체적으로 잎이 안쪽으로 말리거나 처진다. 여름철 에어컨을 강하게 틀어놓은 곳이나 겨울철 온도가 급격히 내려가는 곳에서 관리하지 않는다.

물주기

BEST   화분의 겉흙이 말랐을 때 듬뿍 물주기
WORST   늘 건조한 흙

칼라데아는 물 관리가 아주 중요한 식물이다. 빛에 반응해서 잎들이 안쪽으로 모이지만 물이 부족할 때 역시 이런 신호를 보낸다. 칼라데아는 규칙적으로 물주기를 해야 한다. 성장기(봄부터 초가을)까지는 화분의 겉흙이 말랐을 때 듬뿍 물을 준다. 실내 반음지에서 관리할 경우 대략 3일에 한 번 물을 준다. 겨울철에는 찬물보다는 하루 정도 받아둔 물을 준다. 온도가 낮은 계절에는 너무 찬물을 주면 잎을 상하게 할 수 있기 때문이다. 늦가을부터 겨울에는 겉흙이 마른 모습과 함께 잎 상태를 체크해 5~6일에 한 번 물을 주어 과습되지 않도록 주의한다.

애 정 을 담 은 키 우 기

IDEA 1. 공중습도를 높여준다
강한 햇빛에 노출되지 않더라도 잎 끝자락이 마르는 현상을 종종 볼 수 있다. 칼라데아는 유난히 낮은 습도에 예민한 식물이기 때문이다. 2~3일에 한 번 잎 끝쪽으로 분무해 적정습도를 유지시켜주면 잎 끝까지 싱싱한 칼라데아를 오랫동안 감상할 수 있다.

IDEA 2. 키우기 쉬운 칼라데아부터 시작한다
칼라데아는 종류별로 관리 난이도가 다르다. 잎에 잔털이 많은 루피바르바와 인시그니스는 비교적 키우기 쉽다. 처음 칼라데아를 키운다면 추위에 약하고 유난히 잎이 얇은 진저나 마코야나보다는 추위에 더 강하고 잎이 더 도톰해 실내 습도에 덜 예민한 루피바르바나 인시그니스를 먼저 시도하길 추천한다.

IDEA 3. 가지치기를 한다
칼라데아는 가정에서 키울 때 가지치기가 꼭 필요한 식물은 아니다. 하지만 성장하면서 자연스럽게 아래쪽으로 늘어지는 잎이나 색이 변한 잎, 잎 끝이 상한 것은 자르고 손질해주면 전체적으로 깔끔한 모습을 유지할 수 있다.

4 칼라데아 종류 식물은 잎 모양과 무늬가 각각 달라 개성 넘쳐 보인다.
5 대부분의 칼라데아는 잎 뒷면이 자주색을 띈다.
6 실내습도가 낮고 물을 자주 주지 않으면 칼라데아의 잎 가장자리는 갈색으로 마른다.
7 칼라데아의 새잎은 종이가 돌돌 말려 있는 듯한 모습으로 올라온다.

찰랑찰랑한 잎이 매혹적이에요
폴리시아스 POLYSCIAS

● '잎이 무성한'이라는 뜻의 폴리시아스, 그 의미처럼 위로 쭉쭉 뻗은 여러 개의 나무줄기 위로 잎이 가득 달려 있어요.

많은 잎과 함께 어우러진 구불구불한 나무줄기는 화분 속에서 단조롭지 않아요. 어떤 화분을 선택해서 폴리시아스를 심느냐에 따라 그 느낌이 달라지기도 해요. 진한 갈색의 옹기 화분에 심으면 고풍스러우면서도 고전적인 분위기를 만들어주고, 모던한 사각 화분에 담으면 차가운 도시 이미지를 보여줍니다.

폴리시아스는 나무줄기가 더 많이 드러나고 위쪽으로 잎이 가득해지도록 키우는 게 멋있어요. 줄기와 잎이 적당한 비율을 유지할 때 폴리시아스의 매력이 더 드러나고 잎이 달린 줄기의 선이 우아하면서도 편안한 느낌을 주어요.

잎이 기다랗고 얇은 프루티코사, 둥근 잎의 파비안, 잎에 무늬가 있는 발포 아랄리아 등 저마다 특별한 개성이 있으니 취향에 맞게 데려오세요.

1 수채화로 그려놓은 듯한 무늬 파비안의 잎.
2 섬세한 느낌의 프루티코사.
3 초록색 작은 나비 같은 폴리시아스.

흔히 보는 종류	프루티코사, 파비안, 둥근잎 무늬 파비안
추천 장소	거실(너무 어두운 그늘만 아니라면 실내 어디든 둘 수 있다.)

폴리시아스 키우기

빛

BEST　반음지
WORST　햇빛이 거의 들지 않는 실내

폴리시아스는 반음지 환경에서 관리할 때 잎 색이 가장 예쁘고 풍성하다. 초록색 잎을 가진 종류는 빛이 약한 실내나 인공조명 아래서도 적응하지만, 잎 윗면에 무늬가 있는 종류는 밝은 곳을 선호한다. 단, 하루 종일 강한 빛이 내리쬐는 환경은 피하자. 특히 둥근잎 무늬의 파비안은 종일 은은하게 들어오는 햇빛에서 건강하게 자란다. 빛이 부족한 곳에 오래 두면 잎의 수가 줄어든다.

온도

BEST　18~29℃, 최저 13℃ 이상
WORST　찬바람이 드는 창가나 베란다

폴리시아스는 겨울철 추위에 노출되지 않도록 주의한다. 겨울철 최저 13℃ 이상 되는 장소에서 키우고, 18℃ 이상 실내에서 관리하면 더 싱싱한 모습을 유지할 수 있다. 실외의 햇빛이 강하게 내리쬐는 장소만 피한다면 무난하게 자란다.

물주기

BEST　성장기(규칙적으로 물주기), 겨울철(흙을 건조하게 관리)
WORST　늘 젖어 있는 흙

나무줄기가 두껍기 때문에 과습되지 않도록 주의해야 한다. 겉흙에서 5cm 정도 아래의 흙이 마른 것을 확인하고 물을 주면 안전하다. 성장기 동안 밝은 그늘에서 관리할 경우 7일에 한 번, 겨울철에는 대략 10~12일 사이에 물주기를 한다. 종류와 화분 크기에 따라 물주기 시기가 다를 수 있다. 잎이 살짝 아래로 힘없이 처지면 바로 물줄 때다.

흔히 나타나는 현상

아래 잎이나 중간 중간 몇몇 잎이 노랗게 변하면서 떨어진다 • 성장하면서 생기는 자연스러운 현상이므로 걱정하지 않아도 된다. 위쪽 줄기에서 새로운 잎이 계속 성장한다면 정상이지만 잎이 전체적으로 노랗게 변하면서 우수수 떨어진다면, 과습되지 않았는지 살핀다. 겨울철 추위에 노출되었을 때도 이런 현상이 나타난다.

애 정 을 담 은 키 우 기

IDEA 1. 겨울철 추위에 노출되지 않게 한다
폴리시아스는 겨울철 추위에 약하다. 물론 큰 사이즈의 화분이나 키우면서 낮은 실내 온도에 서서히 적응하게 되면 5℃ 이상의 환경에서도 겨울을 보낼 수 있다. 하지만 작은 화분은 15℃ 이상을 유지해줘야 안전하다. 특히 둥근잎 파비안은 유난히 추위에 약해서 겨울철에는 반드시 18℃ 이상의 실내에서 따뜻하게 관리한다.

IDEA 2. 분갈이는 2~3년에 한 번 한다
비교적 화분에 뿌리가 가득 차 있는 상태를 좋아하므로 너무 잦게 분갈이를 하지 않는다. 2~3년에 한 번씩 식물 뿌리 크기의 1.5배 정도의 화분에 분갈이를 해준다.

IDEA 3. 적당하게 가지치기한다
굵은 나무줄기를 깔끔하게 드러내면서 위쪽에 잎이 가득한 모습으로 유지될 때 폴리시아스의 매력이 가장 잘 드러난다. 매년 봄 가지의 윗부분을 잘라 가지치기하여 곁가지를 늘려주면 잎이 더 풍성하게 자란다.

4 줄기는 불규칙한 모습으로 성장하기도 한다.
5 모습이 다양한 만큼 새잎이 올라오는 모습도 다양하다.

톡 터지듯 나오는 꽃은 큰 기쁨입니다
클레로덴드룸 톰소니에
CLERODENDRUM THOMSONIAE

● 하얀색 꽃받침 속에 감춰져 있다 톡 터지듯 나오는 정열적인 빨간색 꽃들이 매력적인 덴드롱은 이름은 몰라도 한 번쯤 본 적 있을 거예요. 봄부터 늦가을까지 화원 한편에 언제나 자리 잡고 있는 스테디 식물이기도 하죠.

덴드롱은 덩굴성 관엽식물의 일종이지만 사실 널찍하고 기다란 초록색 잎보다는 꽃을 감상하는 재미가 더 큰 식물이에요. 아래쪽을 향하여 처진 초록 잎을 가진 덴드롱은 줄기가득 달리는 꽃이 없다면 이렇게 꾸준한 사랑을 받을 수 있었을까 싶어요. 흰색 꽃받침과 그 안에서 피어나는 붉은색 꽃들, 그리고 진한 초록색 잎의 조화가 덴드롱을 특별한 모습으로 만들어줍니다.

아주 기다란 덩굴을 이루면서 자라는 덴드롱은 실내에서 키우기 까다롭지 않으면서 봄부터 늦가을까지, 때론 사계절 내내 피고 지는 멋진 꽃을 감상할 수 있는 고마운 식물이에요. 다른 꽃 피는 식물에 비해 꽃들이 가득 피는 점이 큰 매력이죠. 흰 색 꽃받침 속에 숨어 있다가 톡하고 터지듯이 나오는 붉은 꽃은 언제 봐도 신기해요. 화분 하나만으로도 밝고 화사한 실내로 만들어주는 덴드롱 화분, 오랫동안 피고 지는 꽃 보면서 함께하는 방법 알려 드려요.

1 성장하면서 줄기가 기울어지기 쉬우니 지지대로 잡아준다.
2 흰색 꽃받침과 화려한 붉은 꽃이 핀 모습.

흔히 보는 종류　　톰소니에(*유통명 덴드롱)
추천 장소　　　　오전 내내 햇빛이 드는 밝은 그늘, 반음지 창가, 베란다

클레로덴드룸 톰소니에 키우기

빛

BEST 반음지
WORST 햇빛이 거의 들지 않는 실내

덴드룸은 온종일 해가 드는 양지에서도 잘 자라고 반음지에서도 키울 수 있다. 한여름 하루 종일 강한 햇빛은 피하고 나머지 계절에는 밝고 따뜻한 실내에서 키운다. 볕이 좋은 장소라면 꽃도 무난하게 피고 지고를 반복하며 잘 자란다. 하루 종일 햇빛이 들어오는 장소에서 키우면 진한 초록잎이 밝은 연둣빛의 살짝 바랜 듯한 모습으로 변한다. 빛이 너무 부족하면 잎만 무성해지거나 꽃 달림이 확실히 적어지므로 빛의 양이 너무 적은 실내 안쪽에서는 키우지 않는다.

온도

BEST 10~23℃
WORST 10℃ 이하, 찬바람이 드는 곳

열대성인 덴드룸은 따뜻한 온도를 선호한다. 덴드룸이 잘 성장하는 온도는 10~20℃ 사이로, 20℃ 이상의 온도가 유지 되는 곳에서 관리하면 가장 좋다. 반면 10℃ 이하의 장소에서 잎을 떨구고 6℃ 아래에서는 냉해를 입는다. 갑작스런 온도 변화에 약하므로 겨울이 되기 전 서서히 낮은 온도에 적응시켜준다. 서늘한 베란다에서 겨울을 나면 뿌리는 살아 있는 채 잎을 모두 떨구고 다음해 봄이 되면 새싹이 나오기도 하니 잘 지켜본다.

물주기

BEST 화분의 겉흙이 말랐을 때 듬뿍 물주기
WORST 겨울철 과습

봄부터 초가을까지는 화분의 겉흙이 말랐을 때 물을 흠뻑 준다. 반음지에서 화분을 키울 때는 대략 2~3일에 한 번, 늦가을부터 겨울동안은 이틀 정도 늦춰 과습을 방지한다. 물줄 시기쯤이 되면 잎이 살짝 얇아지면서 평소보다 더 처진다. 이때 물주기를 한다. 개화기에는 물이 부족하면 꽃봉오리를 피우지 못하고 떨어지므로 물주기에 더 신경 쓴다.

애 정 을   담 은   키 우 기

IDEA 1. 적정습도를 조절한다
습도가 높은 환경을 선호하는 식물이므로 키우는 장소가 너무 건조할 때는 식물 주변이나 잎 주변으로 자주 분무를 한다

IDEA 2. 가지치기 및 지지대를 세워준다
덩굴성으로 자라는 덴드룸은 지지대를 세워서 줄기가 위로 길게 타고 올라갈 수 있도록 모양을 잡아줘야 한다. 너무 무성해지지 않도록 어느 정도 크기를 조절해가면서 관리하는 것도 좋다. 꽃은 새로운 싹에서 나오므로 적절하게 가지치기를 해준다. 잎만 무성해지면 꽃이 적게 피므로 꽃이 지고 나서 늦겨울이나 초봄에 가지치기를 해준다.

IDEA 3. 씨앗번식이나 삽목으로 번식한다
꽃이 지면 흰색 꽃받침의 색이 점점 연한 보랏빛을 띠면서 바래지고 안쪽 꽃이 진 자리에서 열매가 생겨 익어가기 시작한다. 열매는 점점 커지면서 초록색이었다가 검정색으로 익어가고, 밝은 오렌지빛을 띠다가 사방으로 갈라진다. 이 안에 씨앗이 들어있어 이 씨앗을 심어서 번식을 할 수 있다. 또는 굵은 줄기를 잘라서 흙에 심어 번식하는 방법이 있는데 따뜻한 봄에 시도한다. 삽목 후에는 20~25℃를 유지해야 성공률이 높다.

3 꽃이 지고 난 후 꽃받침만 남아있다.
4 꽃이 진 자리에 열매가 생기고 점점 익어간다.
5 시간이 지나면서 꽃받침은 점차 색이 바랜다.

식물이 처음인 분들께,
강력 추천합니다!

처음 식물을 키우려고 할 때 어떤 종류를 골라야 할지 고민스러우시죠? 조금 무심해도, 햇빛이 부족하다 싶은 곳에서도 생명력을 빛낼 식물을 소개할게요. 첫 만남에 실패가 없어야 다른 식물에 도전할 용기가 날 테니까요.

싱고니움

열대성 관엽식물로 줄기 끝에 연둣빛 작은 잎이 가득해 실내에 싱그러움을 전해준다. 생명력이 강해 사계절 내내 잎이 무성하게 잘 자란다. 실내 암모니아 제거 능력이 뛰어나 주방이나 거실에서 키우면 좋다.

빛 실내 반음지가 가장 적당하다. 햇빛이 너무 부족하면 잎의 윤기가 사라지고 성장이 더디다. 햇빛을 향해서 성장하므로 빛이 부족한 장소에 오랫동안 두지 않도록 주의하고 화분을 가끔씩 돌려가며 키운다.

온도 적정한 관리온도는 16~24℃. 최저 10℃ 이상. 겨울철에는 찬바람이 들지 않는 장소를 선택한다.

물주기 줄기와 잎에 수분을 가진 식물로 흙에 심어서 키울 때는 과습되지 않도록 주의한다. 흙을 약간 건조하게 관리하면서 화분의 겉흙이 완전히 말랐을 때 물을 준다. 습도가 높은 환경을 선호하기 때문에 건조한 실내에서는 2~3일에 한 번 잎에 분무해 준다.

아이비

누구나에게 익숙한 관엽식물이자 처음 식물을 키울 때 가장 먼저 데려오면 좋을 만한 식물 종류다. 덩굴성으로 자라는 특징을 살려 선반 위에 화분을 두고 줄기 늘어뜨려가며 키워도 좋고, 지지대를 세워 줄기를 감아 모양을 만들어도 좋다.

빛	반음지가 적당하다. 햇빛이 적은 실내 안쪽에서도 잘 견디고 강한 햇빛만 피한다면 빛이 많은 장소에서도 잘 적응하는 편이다.
온도	적정한 관리온도는 15~25℃. 최저 10℃ 이상이 적당하다.
물주기	흙이 건조해도 잘 견디는 편이다. 과습되지 않도록 주의하면서 화분의 겉흙이 완전히 말랐을 때나 잎이 살짝 늘어졌다 싶을 때 물을 준다. 낮은 습도에도 크게 예민하지 않지만 잎에도 가볍게 분무하면 잎을 더 싱싱하고 깨끗하게 관리할 수 있다.

스파트필름

증산작용이 활발한 대표적인 실내 공기정화 식물로 키우기 쉬운 실내 식물 중 하나다. 다양한 실내 환경에서 까다롭지 않게 키울 수 있을 뿐만 아니라 사계절 내내 넓고 긴 초록잎과 흰색 불염포가 있는 꽃을 볼 수 있어 감상 가치가 높아 인테리어 식물로도 적당하다.

빛	강한 햇빛을 피한 실내 반음지가 가장 좋다. 오히려 빛이 많은 환경에서는 잎 색이 바래고 잎 끝이 타기도 하니 피해서 관리한다.
온도	적정한 관리온도는 18~25℃. 최저 13℃ 이상의 춥지 않은 실내가 좋다.
물주기	과습되지 않도록 주의하면서 화분의 겉흙이 완전히 말랐을 때, 잎이 조금 늘어졌다고 느껴질 때 물주기를 해준다. 건조한 실내에서 3~4일에 한 번 잎 전체적으로 분무해 주면 잎들을 더 깨끗하고 싱싱하게 키울 수 있다.

산호수

빨간색 열매가 인상적인 산호수는 실내에서 키우기 어렵지 않은 공기정화 식물이다. 여름에는 흰색 작은 꽃이 피고 꽃이 지면 열매가 맺혀 빨갛게 익어가며 다음해 여름까지 달려 있다.

빛   실내 반음지 환경에서 가장 잘 성장하며, 빛이 다소 적은 곳에서도 잘 적응하는 식물이다. 빛이 아주 강하게 드는 곳만 아니라면 실내 어디에서도 무난하게 키울 수 있다.

온도   적정한 관리온도는 15~25℃. 최저 5℃ 이상. 단 추운 장소에서 키울 경우 물주는 횟수를 줄여서 건조하게 관리한다.

물주기   과습되지 않도록 주의하되 화분의 겉흙이 말랐을 때 듬뿍 물을 준다. 흙의 건조함이 계속되면 잎이 말라서 상할 수 있다. 특히 건조한 실내에서는 잎 끝이 마를 수 있으니 3~4일에 한 번 정도 잎 전체적으로 분무해 준다.

스킨답서스

실내 환경에 적응력이 뛰어난 식물로 실내 어디에서도 무성하게 잘 자라는 특징이 있다. 하트 모양의 잎을 가진 스킨답서스는 덩굴성 식물로 줄기를 따라 늘어지는 잎을 감상하는 즐거움이 크다. 또한 일산화탄소 제거능력이 뛰어난 공기정화 식물로 주방 쪽에 화분을 두고 키우면 좋다.

빛   실내 반음지에서 가장 잘 성장하고, 이보다 더 그늘진 장소에서도 잘 자란다.

온도   고온다습한 환경을 선호한다. 적정한 관리온도 15~25℃. 최저 10℃ 이상.

물주기   과습을 주의해야하는 식물로 흙을 다소 건조하게 관리한다. 화분에 심어서 키울 때는 겉흙이 완전히 말랐을 때 물을 준다. 과습 시 잎이 노랗게 변하거나 줄기가 무르기도 한다.

질리지 않는 매력,
관엽식물

늘 푸른 매력을 선사해요

실내 식물하면 가장 먼저 '관엽식물'이 떠오를 거예요. 흔히 들어온 말이지만 정확히 무슨 뜻인지 궁금하시죠? '관엽식물'이란 말 그대로 잎의 모양과 색, 잎의 무늬를 감상하는 식물을 뜻해요.

관엽식물은 꽃만큼이나 잎이 아름답고 다양해 취향에 따라 선택의 폭이 넓어요. 햇빛이나 실내 환경에 예민하지 않은 종류가 많고 생명력도 강한 편이라 식물 키우기를 처음 시작하는 분들도 함께하기 어렵지 않습니다. 관엽식물을 실내에서 키우는 일은 장점이 많아요. 사계절 실내에서 싱그러움을 전해주고 실내 습도와 온도를 조절하는데 도움을 줘요. 이산화탄소는 흡수하고 산소를 방출해 공기정화 능력도 뛰어나죠. 특히 식물의 뿌리와 잎은 실내 오염물질은 흡수하고 제거하여 건강에도 좋답니다. 다채로운 잎 모습과 저마다 다른 매력으로 밋밋한 실내 공간에 그린 인테리어 효과를 내죠. 늘 푸른 모습으로 설렘을 주는 관엽식물을 감상하는 일은 일상 속 기분 전환과 스트레스를 푸는데 큰 도움이 됩니다.

따뜻한 곳에서 왔어요

대부분의 관엽식물은 원산지가 열대·아열대 지방이에요. 따라서 우리나라의 봄부터 가을까지 날씨를 좋아해요.

15~23℃의 실내에서 무난하게 성장하는데 겨울철 5℃ 정도까지 월동할 수 있어요. 겨울철에도 햇빛이 잘 들고 단열이 잘 된 베란다가 아니라면 관엽식물은 실내로 옮겨주세요. 찬바람에 노출되지 않도록 신경써줍니다.

새잎이 올라오고 활발하게 성장하는 봄부터 가을까지는 규칙적으로 물주고 이때 비료를 주면 더 건강하게 자라요. 반면 관엽식물이 쉬어가는 겨울에는 다른 계절보다 물주는 시기를 늦춰 주세요. 단 건조한 실내에서 잎이 마르지 않도록 자주 분무를 해 습도를 높여주면 좋습니다. 한여름 강한 햇빛과 겨울철 추위를 조심하면 늘 푸른 모습으로 실내에서 함께할 수 있어요.

햇빛을 좋아하는 정도가 달라요

관엽식물은 일반적으로 반음지에서 무난하게 자라요. 집의 위치와 방향보다는 오전이나 오후 햇빛이 3시간 이상 드는 반음지 환경인지 확인한 뒤 관엽식물을 키우면 큰 어려움 없이 함께할 수 있어요. 관엽식물은 잎의 특성에 따라 햇빛과 물을 좋아하는 정도의 차이가 나요. 반음지에서 무난하게 성장한다고 하지만 햇빛이 더 풍부할 때 건강한 종류가 있어요. 또한 잎과 줄기가 넓고 두꺼운 종류는 수분을 머금고 있어 물주기 간격을 늦춰도 잘 자라지만 잎과 줄기가 얇고 색이 연한 종류는 더 자주 물을 줘야 하죠. 전반적인 특성을 알고 나면 한결 키우기 쉬워질 거예요.

Part.3

드디어 꽃을 피우다

아직 코끝이 싸한 초봄, 노란 수선화와 분홍 히아신스를 보며 봄이 온 듯한 설렘을 느낍니다. 봄의 구근, 여름의 수국, 가을의 국화, 겨울의 포인세티아… 꽃은 계절을 알리는 전령사이지요. 공간 속에 마음 가는 꽃 화분을 두어 스스로를 다독여보세요. 꽃 필 동안의 탄성만큼 꽃이 진 뒤의 소박한 멋도 즐길 수 있는 여유를 가지세요.

Planterior

늘 기다려지는 봄의 전령사입니다
구근식물 BULBOUS PLANT

● 겨울의 끝자락 화원에 하나둘 존재감을 드러내는 구근식물을 보면 벌써 봄이 왔나 싶어 반가운 마음이 들곤 하죠. 구근식물의 화사한 꽃 덕분에 봄의 온기를 미리 느낍니다.

늘 인기 많은 구근식물의 대표주자는 수선화, 히아신스, 무스카리예요. 그밖에도 절화로 더 익숙한 프리지어, 크로커스가 대표적입니다. 관리 장소나 방법에 따라서 꽃피는 시기는 조금씩 다르지만 수선화와 히아신스는 길어야 일주일 넘게, 무스카리는 그보다는 길게 꽃과 함께할 수 있어요. 구근식물의 꽃을 볼 수 있는 시간이 턱없이 짧게 느껴지지만 독보적인 매력 덕분에 매년 늘 꽃필 때가 기다려집니다.

다년생 구근식물, 잠깐 보고나서 이별하지 않도록 꽃이 피고, 꽃이 진 뒤 잎을 가꾸고 내년에 또 다시 꽃이 피도록 관리하세요!

1 다양한 구근식물의 서로 다른 알뿌리 모습.

흔히 보는 종류	수선화, 히아신스, 무스카리, 프리지어, 크로커스
추천 장소	베란다, 창가

구근식물 키우기

빛

BEST　반음지

빛을 좋아지만 오랜 시간 강한 햇빛이 드는 곳보다 실내의 밝은그늘에서 키우길 추천한다. 개화기 동안은 빛을 많이 받을 수 있는 곳에서, 꽃이 지고 잎만 남으면 반그늘에서 관리한다.

온도

BEST　10~22℃

구근식물은 대부분 저온성 식물로 낮에는 따뜻하게, 밤에는 서늘한 게 관리한다. 일교차가 나는 곳에서 키우면 잎이 더 싱싱하고 개화기가 연장된다. 내내 따뜻하거나 건조한 실내에서 관리하면 잎이 늘어지거나 꽃이 빨리 피고 빨리 진다.

물주기

BEST　화분의 겉흙이 말랐을 때 듬뿍 물주기

구근식물은 흙의 건조함에 강하다. 늘 흙이 젖어있지 않도록 주의하고 개화기 동안에는 화분의 겉흙이 완전히 말랐을 때 저면관수로 물준다. 꽃이 모두 진 뒤에는 2~3일 물주는 시기를 늦춘다. 잎이 남아 있으므로 물을 완전히 말리지 않는다.

2　잎 사이에서 여러 개의 꽃대가 길게 올라와 꽃을 피운다.
3　수선화는 유리볼에 담아 수경재배로 키워도 좋다.

애정을 담은 키우기

IDEA 1. 시든 꽃을 제거한다
개화기에는 먼저 피었다 시든 꽃은 바로 제거한다. 그래야 남은 꽃이 더 오래 지속되고 꽃이 새로 핀다.

IDEA 2. 꽃이 진 뒤에는 잎을 관리한다
개화가 끝난 후 잎만 남아있는 계절에도 꾸준히 관심을 가진다. 화분을 반그늘에 두고 규칙적으로 물을 준다. 잎을 너무 일찍 제거하면 광합성을 제대로 하지 못해 구근의 성장기동안 영양분을 저장하지 못한다. 늦봄이나 초여름쯤 잎이 모두 시들면 이때 잎을 제거한다.

IDEA 3. 구근을 세심하게 관리한다
대략 4~6월초에는 잎이 모두 시든다. 이때 시든 잎은 제거하고 구근을 캐 2~3일 정도 말린 후 봉투나 망에 담거나 큰 화분에 구근을 심는다. 여름동안 햇빛이 많이 들지 않고, 서늘한 곳에서 둔다. (화단에 심은 경우 구근을 캐지 않고 그대로 둔다) 10월 구근을 꺼내 화분에 심어 겉흙이 완전하게 말랐을 때 물을 준다. 과습되어 구근이 썩지 않도록 주의한다. 반그늘에서 관리하고, 겨울밤에는 서늘한 곳에 둔다. 너무 따뜻하게 겨울을 보내면 잎만 무성하고 꽃이 피지 않는다. 가을에 심은 구근은 보통 2월말~3월 중순 사이쯤 꽃이 올라오는데, 꽃대가 보이면 햇빛을 더 받을 수 있는 장소로 옮긴다.

4 진한 향기가 매력적인 히아신스 꽃.
5 가느다란 잎 사이로 수줍게 크로커스 꽃이 피었다.

다양한 컬러로 봄을 알려요
프리뮬러 PRIMULA

● 프리뮬러는 봄을 알리는 꽃이에요. 겨울의 끝자락, 아직은 바람이 차갑게 느껴지지만 색색의 프리뮬러 꽃은 화원 입구에서 벌써 봄을 맞을 준비를 하고 있지요. 꽃잎이 귀여운 줄리안을 시작으로 뭉쳐 피는 화려한 꽃송이를 자랑하는 오브코니카, 3단으로 층층히 작고 은은한 꽃을 보여주는 말라코이데스를 차례로 만날 수 있어요. 늦겨울 창가에서 이른 봄을 느끼게 해주고 봄이 끝날 때까지 예쁜 꽃을 보여주는 프리뮬러 꽃은 설렘 가득 봄을 맞이하게 해주는 존재예요.

빛   BEST   양지
개화기(늦겨울부터 봄) 동안에는 햇빛의 양이 많은 장소에 화분을 두고 초여름부터 바람이 잘 통하는 반그늘에서 관리한다.

온도   BEST   15~22℃
고온다습에 약하다. 밤낮 온도차가 나는 곳에 화분을 두면 개화기 동안 꽃을 더 많이 볼 수 있다.

물주기   BEST   화분의 겉흙이 말랐을 때 저면관수
잎 위로 미세한 솜털이 덮인 프리뮬러는 습한 환경에 약하므로 겉흙이 말랐을 때 저면관수로 물을 주고 흙 위의 습기가 오래 유지되지 않도록 한다.

1 층을 이루면서 꽃을 가득 피우는 말라코이데스.
2 줄리안은 잎의 중심부 안쪽에서부터 꽃봉오리가 생겨나고 올라온다.
3 오브코니카는 다른 프리뮬러보다 꽃송이가 더 크고 화려하다.
4 새롭게 올라오는 꽃을 위해서 시든 꽃은 줄기 안쪽을 잡고 바짝 잘라준다.

흔히 보는 종류   줄리안, 오브코니카, 말라코이데스
추천 장소   은은하게 햇빛이 드는 베란다, 창가 앞

까다롭지만 곁에 두고 싶어요
미니장미 MINIATURE ROSE

● 장미는 '꽃의 여왕'이라고 불릴 정도로 독보적인 얼굴과 향기를 가졌지요. 정원 가득 핀 장미꽃은 언제나 시선을 사로잡습니다. 특히 미니장미는 화분에 심으면 더없이 사랑스러워요. 장미 화분은 오래 함께하고픈 마음은 가득한데 그러지 못해 아쉬운 경험이 많을거라 생각해요. 몇 번 키우다 죽이기를 반복하면 결국 포기하게 될 때가 있죠. 저도 그런 경험이 있었거든요.

장미는 유난히 햇빛이 잘 들고 통풍이 원할한 장소를 선호하고, 병충해에 취약한 특징이 있어서 키우면서 실패하는 잎이 많기도 해요. 잘 성장하고 있구나 싶다가도 어느 날 보면 꽃과 잎에 진딧물이나 곰팡이가 생겨 난감해 질 때가 있어요. 흔한 병충해를 예방하기 위해서는 처음 장미를 데려왔을 때 미리 해충약을 뿌리거나 규칙적으로 가지치기를 해주세요. 몇 가지 방법을 잘 알아두면 매년 예쁜 꽃이 피는 장미 화분과 오래 함께할 수 있을 거예요.

흔히 보는 종류	미니장미(다양한 색)
추천 장소	테라스, 베란다, 양지

미니장미 키우기

빛

BEST 양지

남향 또는 남서향이 가장 좋다. 빛이 부족하면 꽃이 제대로 피지 못하고 줄기가 가늘어지면서 잎 색이 싱싱하지 않다. 가끔 햇빛 방향으로 화분을 돌려주면 전체적으로 고르게 성장한다.

온도

BEST 16~24℃, 최저 0℃

고온과 저온에서도 잘 견디지만 적정 관리온도 범위 내에서 가장 싱싱하고 예쁘다. 한겨울에는 뿌리가 얼지 않도록 0℃이하로 내려가지 않는 장소에서 관리한다. 추운 장소에서 월동 시 잎을 모두 떨군 채 겨울을 난다.

물주기

BEST 화분의 겉흙이 말랐을 때 듬뿍 물주기

여름철과 개화기 동안은 흙이 마른 상태가 지속되지 않도록 화분의 겉흙이 말랐을 때 듬뿍 물준다. 한편, 가지를 짧게 자른 뒤 서늘한 장소에서 월동 시 평소보다 물주는 시기를 늦춰 흙을 건조하게 관리하고 과습을 주의한다.

애 정 을 담 은 키 우 기

IDEA 1. 병충해를 예방한다
통풍이 잘 되지 않는 실내에서 관리할 경우 잎 위에는 흰가루병, 곰팡이병이, 꽃대에는 진딧물이 잘 생긴다. 개화기를 피해서 잎과 흙 위로 살충제를 뿌려 화분을 바람이 잘 통하는 장소에 두고 예방하자. 또 시든 꽃이나 상한 잎을 계속 방치하면 병충해가 생길 수 있으므로 바로 제거한다.

IDEA 2. 적절한 습도를 유지한다
장미는 하루 6시간 이상의 햇빛이 드는 양지에서 건강하게 성장한다. 때문에 실내에서 가장 햇빛 양이 많고 밝은 곳에서 키우기 마련인데, 이런 장소는 온도가 높고 습도는 낮을 수 밖에 없다. 습도가 낮고 물 마름이 빠른 환경에서 병충해가 생기므로 이를 예방하기 위해서 장미 위쪽, 화분 주변으로 가볍게 물 분무를 해 적정습도를 유지시킨다. 이때 잎이나 꽃에는 물이 닿지 않게 주의한다.

IDEA 3. 가지치기를 한다
성장하면서 잎이 무성해지므로 식물 안쪽까지 통풍이 잘 되게 관리한다. 무성해진 잎, 시든 잎, 늘어진 잎, 오래된 가지는 잘라 전체적으로 햇빛을 고루 받을 수 있게 해준다. 가지치기를 해주면 병충해를 예방하고 영양분 손실을 막아 더 많은 꽃을 피울 수 있다.

1 피었던 꽃이 시들면 꽃대를 길게 잡고 잘라준다.
2 시든 잎이 달린 줄기나 상한 잎, 안쪽 무성한 가지는 정리 해준다.
3 무성하게 잎이 성장한 미니장미.

사계절 내내 꽃이 피고 져요
세인트폴리아 SAINTPAULIA

● 세인트폴리아는 '아프리칸 바이올렛'으로 우리에게 더 익숙한 꽃이죠. 작은 화분 속에서 반짝이는 꽃과 잎이 사계절 은은한 멋을 내죠. 빛이 풍부하지 않은 장소에서도 거의 사계절 내내 피고 지는 꽃을 감상할 수 있어요. 은은한 꽃 색과 짙은 초록색의 부드러운 잎이 매력적인 세인트폴리아는 화원에서 늘 추천하는 꽃 중 하나예요.

빛　　　BEST　반음지

반그늘 식물로 한여름철 강한 햇빛이 내리쬐거나 하루 종일 빛이 드는 양지는 피한다. 지속적으로 은은하게 햇빛이 드는 장소에 화분을 두면 계속해서 꽃이 피고 진다.

온도　　BEST　18~24℃, 최저 10℃

낮은 23℃ 전후, 밤은 18℃의 온도가 유지되는 장소에서 키우면 가장 좋다. 10℃ 이하로 내려가는 장소를 피한다.

물주기　BEST　겉흙이 완전하게 마른지 확인 후 저면관수

잎과 줄기에 수분이 많아 과습되지 않도록 주의한다. 반음지에서 7~10일 주기로 물 준다. 이때 흙과 잎 상태를 함께 체크해서 저면관수 방법으로 물을 주고, 흙 위에 습기가 남아있지 않도록 한다.

1　세인트폴리아는 꽃 색이 다양하다.
2　작은 솜털로 덮인 초록 잎이 습해지지 않도록 주의해야한다.
3　안쪽에서 올라오고 있는 세인트폴리아의 작은 꽃봉오리.

흔히 보는 종류　　세인트폴리아(다양한 색)
추천 장소　　반쯤 그늘진 창가, 베란다

화려하고 풍성한 겹꽃이 돋보여요
칼란디바 CALANDIVA

● 　　화사하고 예쁜 꽃을 실내에서 오래 보고 싶을 때 추천할만한 식물인 칼란디바예요. 우리에게 익숙한 카랑코에와 생김새가 비슷한 칼란디바는 네덜란드에서 육성된 재배품종이죠. 잎이 크고 장미처럼 생긴 겹꽃이 피기 때문에 홑겹의 카랑코에 꽃보다 화려하고 풍성해요. 거의 사계절 내내 화원에서 만날 수 있지만 칼란디바의 개화기는 늦겨울부터 초봄입니다. 내내 따뜻한 곳보다는 일교차가 나는 서늘한 곳에 두면 더 오래 싱싱한 모습을 볼 수 있어요.

빛	**BEST** 양지

햇빛의 양이 많은 곳에서 잎이 윤기 나고 지속적으로 꽃이 필 뿐 아니라 웃자람 없이 균형 있게 성장한다.

온도	**BEST** 15~27℃

고온에는 강하지만 추위에는 약하다. 목질화되고 추위에 적응하면 좀 더 낮은 기온에도 겨울을 나지만, 10℃ 이하로 내려가면 잎과 줄기가 언다.

물주기	**BEST** 화분의 겉흙이 말랐을 때 듬뿍 물주기

다육질 잎과 줄기의 칼란디바는 반드시 과습을 주의한다. 화분의 겉흙과 속흙이 완전히 말랐을 때, 잎이 얇아진지 함께 확인해 물을 주면 과습을 피할 수 있다.

1 풍성하게 겹꽃이 피는 칼란디바.
2 칼란디바와 비슷하지만 홑꽃을 피우는 카랑코에.
3 카랑코에는 성장하면서 줄기가 더 두꺼워지고 단단해진다.

흔히 보는 종류	칼란디바, 카랑코에
추천 장소	햇빛 가장 잘 드는 실내 창가

장미처럼 화사한 꽃이 피어요
엘라티올 베고니아 ELATIOR BEGONIA

● 계절마다 참 다양한 종류의 베고니아를 볼 수 있어요. 꽃이 유난히 예뻐서 인기가 많아요. 독특한 잎을 감상하기 위한 종류도 있어 베고니아는 1,300종이 넘는다고 해요.
지속적으로 꽃을 피우는 엘라티올 베고니아는 화분에 심어 사계절 화사한 꽃을 감상하기 좋아요. 장미를 닮은 원색의 꽃은 겨울철 화려하면서도 따뜻한 분위기를 만들어준답니다.

빛　　　**BEST**　반음지

강한 햇빛을 피해 반음지에서 관리한다. 빛이 과하면 잎이 타고 잎 색이 연해진다. 반대로 빛이 너무 부족하면 잎이 늘어지고 꽃이 지속적으로 피지 않는다.

온도　　**BEST**　18~24℃

추위에 약하므로 밤 온도가 10℃ 이하로 내려가 찬바람이 드는 장소는 피한다. 실내에 두고 밤낮 온도차가 13~24℃ 정도 유지되는 곳에서 키우면 꽃이 풍성하게 핀다.

물주기　**BEST**　화분의 겉흙이 말랐을 때 듬뿍 물주기

반드시 과습을 주의한다. 겉흙뿐만 아니라 속흙이 말랐는지, 잎이 살짝 얇아진 느낌이 드는지 확인한 뒤 물준다. 물을 줄 때는 잎과 꽃에 물이 닿지 않도록 주의한다. 물기가 남아 습한 상태가 지속되면 잎에 곰팡이병이 생긴다.

1　엘라티올 베고니아의 꽃잎은 어긋나듯 겹쳐 핀다.
2　튼튼한 줄기를 잘라 물꽂이 하면 뿌리를 내린다.

흔히 보는 종류　　엘라티올 베고니아(다양한 색)
추천 장소　　　　실내 반음지, 반그늘 창가

잎과 대조적인 예쁜 꽃이 피어나요
레위시아 LEWISIA COTYLEDON

다시 피는 꽃

레위시아는 햇빛 좋은 장소에서 관리하면 일 년에 2~3번 이상 피고 지는 꽃을 볼 수 있다. 피었던 꽃이 모두 지면 꽃대를 짧게 자른다. 잠시 휴식을 취하다가 잎 사이로 다시 꽃이 올라온다.

● 레위시아의 두꺼운 잎은 조금은 투박하게 느껴질 수 있어요. 하지만 다육질 잎 사이로 예쁜 색의 꽃이 하늘하늘하게 피어나면 그 어떤 꽃보다 눈길을 끌어요.

겨울에서 봄 사이 가느다란 꽃대를 올리고 그 끝으로 여러 개의 꽃봉오리가 올라오면서 꽃이 피어나요. 어쩌면 꽃이 너무 예쁜 식물이라서 개화기가 끝나면 금세 관심 밖으로 밀려나지만 레위시아를 키우다보면 윤기 나는 잎의 매력을 알게 되는 순간이 오기도 해요. 햇빛 좋은 곳에 두고 규칙적으로 물 주면 큰 어려움 없이 피고 지는 예쁜 꽃을 감상할 수 있어요.

빛	BEST	양지

햇빛을 좋아하는 식물로 최대한 햇빛의 양이 많은 곳에서 관리한다. 단, 여름철의 강한 햇빛은 피한다.

온도	BEST	15~20℃, 최저 5℃

여름철에는 기온이 너무 올라가지 않고 바람이 잘 통하는 장소에 둔다. 적정 관리온도 내에서 꽃도 많이 피고 성장이 좋다. 덥고 건조한 실내 보다는 10℃ 기온이 유지되는 장소에서 관리한다.

물주기	BEST	화분의 흙이 완전히 말랐을 때 물주기

과습되지 않도록 주의한다. 화분의 겉흙이 완전히 마르고, 잎을 만져보아 살짝 얇아진 느낌이 들 때 물을 준다. 물이 잎에 닿지 않도록 흙 가장자리로 물을 주거나 저면관수한다.

1 다육질 잎 위로 여러 개의 꽃대가 올라와서 많은 꽃을 피운다.
2 레위시아는 주황색, 분홍색, 흰색 등 꽃 색이 다양하다.

흔히 보는 종류	레위시아(흰색, 분홍색, 주황색, 노란색)
추천 장소	햇빛 잘 드는 창가, 베란다

꽃잎을 만지면 바스락 소리가 나요
로단테 RHODANTHE

통풍에 주의하기
건조하고 통풍이 잘 되지 않은 실내에서 개화기를 보내는 경우, 진딧물이 생길 수 있으니 습도와 환기에 주의한다.

● '종이꽃'이라고 불리는 로단테는 그 이름처럼 꽃을 만지면 종이처럼 바스락거리는 느낌이 나요. 꽃이 피는 봄에는 살짝 늘어진 줄기 끝자락으로 흰색 꽃이 가득 피어나는데 그 모습이 너무 귀엽고 사랑스러워서 보고 있으면 괜히 웃음이 나고 기분이 좋아져요. 종이꽃에서 풍기는 은은한 풀내음 같은 꽃향기는 그 모습과 참 잘 어울린다 싶기도 해요. 개화기가 긴 로단테는 여름철 관리만 잘해주면 다년생으로 키울 수 있어요. 작은 화분을 데려와서 매년 화분 가득 늘어져 피는 꽃을 감상하는 즐거움 느낄 수 있었으면 해요.

빛　　　BEST　반음지

개화기 동안 햇빛의 양이 많은 장소에서 키우면 꽃 달림이 많고 오래 꽃을 피운다. 빛이 부족하면 꽃을 제대로 피우지 못하고 개화기가 짧아진다.

온도　　BEST　8~20℃

저온성 식물로 온도가 밤동안은 서늘한 곳에 키운다. 덥고 건조한 장소에서는 잎이 처지니 봄여름에는 최대한 바람이 잘 통하고 햇볕이 강하지 않는 곳에서 관리한다. 햇빛이 많은 곳에서 키운다면 식물 주변에 가볍게 분무해서 적정습도를 유지해 준다.

물주기　BEST　화분의 겉흙이 말랐을 때 듬뿍 물주기

화분의 겉흙이 말랐을 때 듬뿍 물을 준다. 물마름이 지속되면 꽃봉오리가 피지 못한 채 말라서 떨어지거나 잎이 시들해져 회복되지 않는다.

1 종이꽃은 줄기 끝으로 작은 꽃봉오리가 달리고 꽃이 핀다.
2 활짝 핀 종이꽃은 달걀노른자 같은 모습이다.

흔히 보는 종류　　로단테
추천 장소　　　　햇빛 많은 창가, 베란다

처음 식물을 키우는 분께 힘껏 추천해요
옥살리스 OXALIS

옥살리스 휴면기

사계절 상록성인 옥살리스도 있지만, 휴면(여름 또는 겨울)에 들어가면서 잎 없이 지내는 종류도 있다. 잘 관리했는데 꽃이 멈추고 잎도 점점 시든다면 휴면기에 들어갔다고 여기면 된다. 이때는 잠시 물주기를 멈춘다. 휴면이 끝나면 다시 새잎과 꽃대를 올린다.

● 실내 정원을 꾸민 집이라면 작은 화분 하나씩은 다 있을 만큼 옥살리스는 흔해요. '사랑초'라는 이름으로 더 친숙한 옥살리스는 잎 모양과 꽃 색이 다양해요. 개성 가득한 잎과 지속적으로 피는 사랑스러운 꽃이 매력적이죠. 여린 외모와 달리 키우면서 크게 신경 쓸 일이 없는 식물 중 하나예요. '당신을 버리지 않겠어요, 당신과 함께하겠어요'라는 꽃말처럼 옥살리스는 오랫동안 함께할 식물이에요.

빛　　BEST　반음지

강한 빛만 피하면 어디든 괜찮다. 반음지 환경에서 관리한다. 음지에서는 잎이 풍성하지 않고 꽃이 적게 달린다. 낮에는 잎을 활짝 펼치고 있다가 흐린 날이나 밤에는 잎을 접는다.

온도　　BEST　16~20℃, 최저 10℃

개화기에는 13~18℃를 유지한다. 최저 온도는 10℃ 전후고, 여름이나 겨울동안 휴면하기도 한다.(옥살리스 종류마다 휴면 시기가 다르다)

물주기　BEST　화분의 겉흙이 말랐을 때 듬뿍 물주기

화분의 겉흙이 완전히 말랐을 때 저면관수 방법으로 물준다. 흙의 건조함에 강한 편이지만 흙이 완전히 마르면 잎이 늘어지고 마른다.

1 가는 줄기 끝으로 나비 같은 세 장의 잎이 핀다.
2 잎이 빛에 반응하므로 해가 지면 잎을 모두 안쪽으로 접는다.
3 햇빛이 잘 드는 밝은 장소에서 키우면 내내 꽃이 피고 진다.

흔히 보는 종류　사랑초(청, 보라), 옥살리스 글라브라, 옥살리스 보위에나, 분홍바람개비 옥살리스

추천 장소　실내 거실 창가 앞, 반그늘 창가

오렌지색 꽃들이 피어나요
크로산드라 CROSSANDRA

습도에 주의하기

크로산드라는 유난히 습도가 높은 환경을 좋아한다. 건조한 장소에서는 잎에 온실가루이(흰색 작은 벌레)가 생긴다. 햇빛이 많고 건조한 곳에서 키울 때는 잎 주변으로 자주 분무한다.

● 선명한 오렌지색 꽃과 윤기나는 진한 초록색 잎의 대비가 한눈에 띄어요. '크로산드라 오렌지 마멀레이드'라고 불리는 이유를 알 것 같아요. 크로산드라 꽃은 초여름과 가을에 걸쳐 피고, 햇빛 좋은 곳에서 관리하면 겨울에도 하나둘 꽃이 핍니다. 긴 꽃대 하나에서 여러 개의 꽃이 층층 피어나 오랫동안 꽃을 감상할 수 있어요. 꽃이 모두 지면 꽃대를 제거해주면 새롭게 꽃이 다시 올라와요. 생명력 강한 크로산드라와 오랫동안 함께해보세요.

빛　　　BEST　반음지

한 여름철 강한 햇빛은 피한다. 빛이 너무 강한 곳에서 키우면 잎 색이 연해질 수 있고, 주변 습도가 낮아져서 해충이 생길 가능성이 있다. 아침이나 오후 시간 햇빛이 들어오는 반음지에서 관리한다.

온도　　BEST　15~27℃, 최저 10℃

고온에는 강하지만 겨울철 추위에는 약하다. 찬바람이 들지 않고 춥지 않은 실내에서 겨울을 보낸다. 추위에 노출되면 잎을 떨구고 줄기가 언다.

물주기　BEST　화분의 겉흙이 말랐을 때 듬뿍 물주기

개화기(한여름)에는 흙이 너무 마르지 않도록 겉흙이 말랐을 때 듬뿍 물을 준다. 나머지 계절에는 물주기를 늦춰가며 과습되지 않도록 주의한다.

1 꽃이 진 뒤 초록 잎만 남아있는 화분.
2 꽃이 모두 지면 꽃대를 바짝 잘라준다.
3 실내가 건조하면 잎에 온실가루이가 생긴다.

흔히 보는 종류　　크로산드라
추천 장소　　　　밝은 베란다, 창가

145

천사의 얼굴 같아요
엔젤로니아 ANGELONIA

겨울 지나면 가지치기

개화기가 끝나면 긴 꽃대를 모두 잘라 가지치기한다. 봄이 되면 연둣빛 새로운 잎이 돋고 꽃이 다시 핀다.

● 엔젤로니아는 뜨거운 햇빛 아래서 색색의 꽃을 화려하게 가득 피우는 대표적인 여름꽃이에요. 가을까지 긴 꽃대를 따라서 층층 피어나는 꽃을 감상할 정도로 개화기가 길답니다. 여름의 싱그러움을 닮은 은은한 꽃향기는 엔젤로니아의 큰 매력이에요. 꽃 모양 자체가 아주 예쁘지는 않지만, 모여 핀 꽃의 전체적인 분위기가 너무 멋져요. '천사의 얼굴'이라는 엔젤로니아의 꽃말처럼 색이 다양해 취향에 따라 골라 함께해보세요.

빛	**BEST** 양지(강한 햇빛 가능), 반음지	

개화기 동안은 햇빛이 가장 잘 드는 곳에 화분을 둔다. 햇빛이 충분하다면 초겨울까지도 계속 꽃이 핀다.

온도 **BEST** 18~25℃

고온건조한 환경에 강해 여름철 더위에 강한 모습을 보인다. 반대로 추위에는 약하니 겨울 동안은 18℃ 이상의 환경에서 관리한다.

물주기 **BEST** 개화기(규칙적), 겨울철(건조하게)

꽃이 계속 피는 여름에는 화분의 겉흙이 말랐을 때 규칙적으로 물준다. 햇빛이 많은 곳에서 관리 시 물이 마르지 않게 신경 쓴다. 겨울에는 잎 상태를 살피며 겉흙이 완전히 말랐을 때 물주기를 한다.

1 꽃이 모두 시들고 난 뒤의 모습.
2 꽃이 지고 난 뒤 가지 사이로 새로운 잎과 꽃이 올라온다.

흔히 보는 종류   엔젤로니아
추천 장소   양지

앙증맞은 별꽃이 피어나요
빈카페어리스타 VINCA FAIRY STAR

닮은 꼴 빈카로제아

빈카로제아(일일초)를 개량해서 만든 종을 페어리스타라고 한다. 페어리스타와 비교했을 때 잎과 꽃이 더 크다. 페어리스타보다 꽃이 더 오래 피고 무난히 다년생으로 키울 수 있다. 겨울철 햇빛이 잘 드는 창가에서 관리하면 피고 지는 꽃을 계속 볼 수 있다.

● 빈카페어리스타는 늦봄에서 초가을 사이 화원에서 흔히 볼 수 있는 꽃이에요. 별처럼 앙증맞은 꽃이 화분 속 가득 피어 수수하면서도 소박한 모습을 보여줘요. 보통 4월말~5월초부터 개화해 초가을까지 내내 꽃이 피고 져요. 개화기는 길지만 활짝 핀 꽃이 3~4일 정도밖에 지속되지 않아 아쉬운데, 그만큼 새로운 꽃이 많이 올라와서 위안 삼습니다. 풍성한 가지와 반짝이는 초록잎 사이로 소담한 모습을 보이는 빈카페어리스타의 꽃을 만나는 계절이 언제나 기다려져요.

빛   **BEST**   양지, 반음지

햇빛이 많을수록 꽃이 많이 달리고 색이 선명하다. 한여름 하루 종일 강한 햇빛만 피하고 다른 계절에는 최대한 밝은 곳에서 관리한다.

온도   **BEST**   18~27℃, 최저 15℃

봄, 가을의 기온을 좋아한다. 한여름철 무더운 곳에서는 꽃의 수가 줄고 잎이 늘어진다.

물주기   **BEST**   겉흙 말랐을 때 물주기

과습을 주의해야하는 식물이지만 개화기동안에는 흙이 말라서 지속되지 않도록 겉흙이 말랐을 때 듬뿍 물을 준다. 물이 부족하면 잎이 처진다. 물 부족으로 줄기와 잎이 마르면 회복되지 않는다. 흙 가장자리를 따라 물주거나 저면관수한다.

1 요정 같은 작은 꽃이 초록잎 위로 가득하게 피어난다.
2 빈카페어리스타 보다 꽃과 잎이 큰 빈카로제아.

흔히 보는 종류   빈카페어리스타, 빈카로제아
추천 장소   양지(여름철 습도가 너무 높지 않은 곳)

작은 꽃이 뭉쳐서 화려하게 펴요
부바르디아 BOUVARDIA

● 꽃다발 속 부바르디아를 보면서 어쩜 이리 사랑스러울까 생각했었어요. 어느 날 부바르디아를 화분에 심고 절화일 때와는 다른 매력이 느껴져 놀랐었지요. 별 같은 네 장의 꽃이 뭉쳐펴 화분 속에서 소담한 꽃다발 같아요. 해가 지날수록 아래쪽부터 점차 줄기가 단단해져 연약한 첫 모습은 온데간데없고 작은 나무 같은 모습으로 변하죠. 뿌리가 잘 자리 잡도록 처음부터 단단하게 심어주고 초반에 규칙적으로 물주기를 하면 부바르디아는 어떤 꽃보다 오래 함께할 수 있어요.

빛   BEST   반음지

하루 종일 햇빛이 드는 장소는 피한다. 아침나절 햇빛이 드는 반음지에서 키운다. 햇빛이 강하면 잎 색이 변하고 핀 꽃이 빨리 시든다.

온도   BEST   15~25℃

고온에 약하지 않지만 선선하다 싶은 온도에서 더 잘 성장한다. 줄기가 목질화되면 추위에 강해지는데 첫해에는 15℃ 실내에서 겨울을 보내고, 해를 보내면서 5℃ 정도 유지되는 장소에서 서서히 적응시킨다.

물주기   BEST   화분의 겉흙이 말랐을 때 듬뿍 물주기

개화기동안은 겉흙이 말랐을 때 듬뿍 물준다. 꽃이 진 뒤 잎만 남은 계절에는 흙과 잎 상태를 함께 체크한다. 겉흙이 말랐더라도 잎이 처지거나 얇아지지 않고 단단하면 하루 이틀 더 있다가 물 줘야 과습되지 않는다.

1 시든 꽃은 바로 제거해주고, 꽃이 모두 지면 꽃대 바로 아래쪽을 짧게 잡고 자른다.
2 성장하면서 줄기가 점점 목질화된다.
3 꽃이 핀 부분에서 한두 마디 아래쪽을 가지치기해주면 새잎과 함께 꽃이 핀다.

흔히 보는 종류   부바르디아(진분홍, 연분홍, 붉은색, 흰색)
추천 장소   실내 베란다, 창가

개성 가득한 모습을 보여줘요
모나라벤더 PLECTRANTHUS MONA LAVENDER

● 모나라벤더는 '해피블루'라는 이름으로 더 익숙해요. 라벤더와는 관계없지만 라벤더 꽃 색을 닮아서인지 '모나라벤더'라고 불린답니다. 모나라벤더는 반그늘이나 밝은음지에서도 무난하게 꽃을 피워요. 성장하면서 점차 목질화되는 모나라벤더 줄기는 몇 해 지나면 작은 나무처럼 변해요. 늦여름에서 가을 사이 도톰한 잎 사이로 나비 같은 연보라색 꽃을 가득 피우는 모나라벤더, 꽃과 잎 모두 개성 있어 실내에서 강렬한 매력을 발산해요.

빛	**BEST**	반음지

여름철 강한 햇빛은 피하고 개화기동안에는 조금 더 햇빛이 많은 곳에 화분을 둔다.

온도	**BEST**	18~27℃

햇빛이 아주 많이 들고 30℃ 이상으로 온도가 오르는 아니라면 여름철 더위를 크게 걱정하지 않아도 된다. 줄기가 목질화되기 전 겨울철에는 수분이 많은 줄기와 잎이 얼 수 있으니 15℃ 이상의 실내에서 관리한다. 줄기가 목질화되고 낮은 온도에 적응하면 5~10℃에서도 겨울을 난다.

물주기	**BEST**	화분의 겉흙이 말랐을 때 듬뿍 물주기

줄기가 두껍고, 잎이 얇지 않아서 과습을 주의한다. 개화기동안은 화분의 겉흙이 말랐을 때 규칙적으로 물주고, 나머지 계절에는 겉흙 아래 2cm 정도 흙이 말랐을 때 물을 준다.

1 독특한 꽃봉오리와 꽃이 활짝 피었을 때 모습.
2 성장하면서 점차 줄기가 모두 목질화된다.

흔히 보는 종류   모나라벤더
추천 장소   반쯤 그늘진 실내 창가, 베란다

작고 소박한 꽃이 매력적이에요
쿠페아 CUPHEA

단정하게 키우기

쿠페아는 꽃이 시들면서 화분 위로 떨어진다. 시든 꽃이 쌓이지 않도록 정리한다. 꽃이 핀 부분을 가지치기하면 잎이 새로 난다.

● 쿠페아는 앙증맞고 귀여운 잎과 꽃이 잘 어우러져 큰 즐거움을 주는 식물이에요. 개화기는 보통 봄부터 가을 사이지만 햇볕 좋고 따뜻한 실내에서 관리하면 겨울에도 꽃을 피울 정도로 개화기가 길어요. 사계절 피고 지는 꽃을 감상할 수 있지만 물관리가 어렵게 느껴지죠. 쿠페아를 실패 없이 키우려면 풍부한 햇빛과 규칙적인 물주기가 꼭 필요해요. 키우는 장소의 빛이 풍부할수록 꽃이 더 잘 핍니다. 소박하고 작은 꽃에 매력을 느끼는 분이라면 꼭 한번 함께하길 추천해요.

빛　　BEST　양지

하루 5시간 이상 빛이 드는 장소에서 가장 잘 자란다. 최소한 아침나절 햇빛이나 오후 햇빛이 드는 밝은 그늘에서 관리한다.

온도　　BEST　18~25℃

5~10℃의 서늘한 환경에서도 겨울을 나지만 적정 온도 내에서 관리해야 잎이 싱싱하고 꽃이 지속적으로 핀다.

물주기　　BEST　화분의 겉흙이 말랐을 때 듬뿍 물주기

봄부터 가을까지 화분의 겉흙이 말랐을 때 듬뿍 물을 준다. 물이 마르면 잎이 처지고 이런 상황이 반복되거나 지속되면 잎이 말라 회복되지 않는다. 겨울철에 2~3일 정도 물주는 시기를 늦춘다.

1 윤기 나는 초록잎을 단 가지 끝으로 작은 꽃이 가득 핀다.
2 성장하면서 아래쪽 줄기가 점점 드러나 작은 나무 같다.

흔히 보는 종류　　쿠페아(보라색, 흰색)
추천 장소　　햇빛 좋은 실내 베란다, 창가

가을철 실내를 화려하게 장식해요
분화국화 POTMUM

변한 잎은 잘라주기

시든 꽃이나 중간중간 색이 변한 잎은 잘라준다. 시든 꽃이나 잎을 그냥 두면 병충해를 유발해 결국 한 계절만 보는 꽃이 되기도 한다.

● 가을의 초입, 기다렸다는 듯이 화원 마당을 가득 메우는 국화꽃은 가을의 상징입니다. 요즘은 국화가 점점 더 다양해져 꽃 색도 천차만별이고 같은 국화과라도 꽃모습이 제각각이에요. 실내에서 키우는 국화는 대부분 키가 크지 않고 꽃이 오래 피는 분화국화(소국화) 화분이에요. 연중 꽃을 피우고 개화 시기가 길어 실내에서 관리하기 어렵지 않아요. 공기정화 능력을 가진 국화꽃은 해마다 새잎과 꽃을 선물합니다.

빛   **BEST**   양지

하루 6시간 이상 햇빛이 잘 들고 바람이 잘 통하는 곳에서 키우면 꽃이 많이 달리고 튼튼하게 자란다. 햇빛이 부족하면 개화가 짧아진다.

온도   **BEST**   15~23℃, 최저 0℃

한여름에는 반그늘에서 화분을 관리한다. 개화기에는 적정 관리온도 범위 내에서 일교차가 나는 곳에 두면 꽃이 더 오래 유지된다. 겨울철 0~5℃ 내에서 관리하면 다음해 더 많은 꽃을 볼 수 있다.

물주기   **BEST**   화분의 겉흙이 말랐을 때 듬뿍 물주기

과습은 피하되 개화기 동안 흙이 건조하지 않도록 신경쓴다. 겉흙이 확실히 말랐는지 확인 후 듬뿍 물준다. 서늘한 장소에서 월동 시 겉과 속흙이 완전히 말랐을 때 물을 주고 화분이 얼지 않게 관리한다.

1 공간과 어울리는 국화를 데려온다.
2 꽃 색만큼 꽃 모습 또한 다양하다.
3 해가 지나면 줄기가 점점 목질화되고 키가 커지면서 줄기 끝에 작은 꽃이 핀다.

흔히 보는 종류   분화국화(크기와 모양, 색 다양)
추천 장소   햇빛 잘 드는 베란다, 창가

고개 숙이며 올라와 만개해요
시클라멘 CYCLAMEN

● 　　늦가을부터 초봄까지 우아하면서도 화사한 모습으로 창가를 장식하는 식물 시클라멘이에요. 시클라멘은 겨울꽃 리스트 중에서 늘 빠지지 않는 대표적인 꽃입니다. '겸손과 수줍음'이라는 꽃말처럼 무성한 잎 사이에서 돌돌 말린 꽃봉오리가 고개를 숙이며 올라와 활짝 피어요. 겨울 아침 공기의 시원함과 은은한 향기를 풍기는 시클라멘 꽃은 진하지는 않지만 기분좋은 향기로 기억돼요.

시클라멘의 예쁜 모습에 끌려 집에 데려왔더니 금세 시들고 잎이 처져 당황했다는 이야기를 많이 들었어요. 시클라멘은 좋아하는 환경과 선호하는 것이 분명해 다소 관리법이 까다롭게 여겨질 수 있어요. 하지만 꽃의 특성을 제대로 파악하면 꽃이 지고 새잎이 올라 오고, 다음해 다시 피는 꽃을 지켜보는 큰 즐거움이에요.

흔히 보는 종류　　시클라멘(색과 모양 다양)
추천 장소　　반그늘 베란다, 창가

시클라멘 키우기

빛   **BEST**   반음지
개화기에는 햇빛이 잘 드는 장소에서 키우고, 잎만 있는 계절에는 강한 햇빛을 피해 반음지에서 키운다. 너무 햇빛이 강하면 잎이 빠르게 시든다.

온도   **BEST**   13~18℃, 최저 5℃
시클라멘은 다소 서늘한 장소를 선호한다. 낮 15℃ 전후가 적당하고 밤은 그보다 조금 더 낮게 유지되는 장소가 좋다. 온도관리를 잘하면 개화기가 길어지고 잎이 더 싱싱하게 유지된다.

물주기   **BEST**   화분의 겉흙이 완전히 말랐을 때 저면관수
절대 과습되지 않도록 주의해야 한다. 화분의 겉흙이 완전히 말랐을 때 저면관수로 물주기를 한다. 흙이 마르면 잎과 꽃이 아래로 살짝 처지는데 이때를 놓치지 말고 물준다.

개화기 관리법

시든 꽃은 바로 잘라주어야 더 많은 꽃을 볼 수 있다. 색이 변한 잎이나 늘어진 잎, 너무 빽빽하게 들어찬 잎은 중간중간 잘라주어 통풍이 잘 되게 해줘야 더 싱싱하고 튼튼하게 성장한다.

애 정 을 담 은 키 우 기

IDEA 1. 계절별로 관리법을 바꾼다

구근식물인 시클라멘은 서늘한 온도를 선호한다. 한여름 휴면기에는 바람이 잘 통하는 반그늘에서 관리한다. 화분의 흙이 완전히 말랐을 때 구근이 마르지 않을 정도만 물준다. 초가을에는 다시 밝은 장소로 옮겨 햇빛을 받을 수 있도록 해준다.

IDEA 2. 물주기에 신경쓴다

시클라멘은 저면관수 방법을 추천한다. 시클라멘은 땅속 줄기 끝이 영양분을 많이 저장하는 덩이줄기를 가지고 있으므로 흙 위쪽으로 물을 주면 식물의 중심부 쪽으로 물이 너무 많이 흡수되어 구근이 빨리 마르지 못하고 썩는다. 결국 잎이 노랗게 변하면서 줄기가 물러 식물 전체에 영향을 미친다.

IDEA 3. 비료를 공급한다

적당하게 비료를 공급하면 많은 꽃을 피운다. 보통 새잎이 올라오는 성장기 동안 한두 달에 한번 액비를 준다. 단 비료를 지나치게 많이 주면 잎만 무성해지니 적정량을 확인한다.

1 노랗게 변한 잎은 잘라가면서 키운다.
2 아래쪽부터 올라오는 꽃은 꽃잎을 돌돌 말고 아래를 향한 모습이다.
3 두 가지 컬러 층이 있는 매력적인 시클라멘 꽃.

겨울철 실내를 포근하게 장식해요
포인세티아 POINSETTIA

●   '크리스마스' 하면 가장 먼저 떠오르는 식물은 포인세티아죠! 꽃으로 착각할 만큼, 꽃보다 예쁜 붉은색 포엽이 눈에 띄는 대표적인 겨울꽃이에요. 매년 다양한 색상의 포인세티아가 화원에 등장해서 눈을 휘둥그레하게 하고, 누굴 선택할까 행복한 고민에 빠지게 만들죠.

매년 겨울이면 실내에 자리잡는 포인세티아는 겨울철 전 세계에서 가장 많은 판매고를 올리는 식물이지만 시즌이 지나면 가장 많이 버려진다는 이야기도 있어요.

화려한 색감 덕분에 꽃이 부족한 겨울철 실내에서 감상하기는 최고임에는 틀림없지요. 하지만 관리가 까다롭게 느껴지고 꽃이 진 뒤 키우기 어려울 수 있어요. 저도 몇 번 죽이기를 반복한 후에야 오랫동안 함께할 방법을 알게 되었거든요. 세심한 손길이 필요한 만큼 오래 키우면서 더 깊은 애정을 갖게 되고, 다시 올라오는 꽃을 보면서 보람을 느끼는 경험으로 이끄는 식물이기도 해요. 점점 목질화되는 줄기를 보는 일은 큰 뿌듯함을 느끼게 해줘요. 겨울의 상징! 멋진 포인세티아가 일회성 식물로 끝내지 않도록 신경써주세요.

흔히 보는 종류	포인세티아
추천 장소	양지, 찬바람이 들지 않는 곳

포인세티아 키우기

빛　　**BEST**　　양지

포인세티아는 햇빛을 좋아하는 양지성 식물이다. 적어도 아침나절에는 햇빛이 드는 곳 또는 실내에서 빛의 양이 가장 풍부한 장소에 두고 키운다. 한여름철 강한 햇빛을 피하되, 나머지 계절에는 햇빛이 잘 드는 장소에서 키운다. 단일성 식물인 포인세티아는 일조시간이 짧아지면 잎이 붉게 물들기 시작한다.

온도　　**BEST**　　16~25℃, 최저 10℃

열대성 식물인 포인세티아는 낮은 온도를 견디지 못한다. 겨울철에는 실내 따뜻한 장소에서 관리한다. 10℃ 이하로 내려가면 잎이 시들고 줄기까지 노랗게 변한다. 5℃ 이하로 내려가면 잎을 모두 떨군다.

물주기　　**WORST**　　화분의 겉흙이 말랐을 때 저면관수

포인세티아는 습도가 높은 환경에 유난히 약하다. 물을 줄 때 잎에 물이 닿지 않도록 주의하고 잎에 직접적으로 분무를 하지 않는다. 화분의 겉흙이 마르면 듬뿍 물을 주는데, 이때 저면관수를 추천한다. 저면관수 방법을 추천하는 이유는 두 가지다. 첫 번째는 물을 주면서 잎에 물이 튀지 않게 하기 위해서고 두 번째는 물을 주고 난 뒤 흙 위로 습기가 지나치게 올라오는 것을 막기 위함이다. 줄기가 어느 정도 목질화된 뒤에는 화분 위로 물을 줘도 괜찮다. 흙이 건조하면 잎이 떨어질 수 있고 반대로 과습되면 줄기가 무르고 잎이 노랗게 변하면서 떨어진다.

애정을 담은 키우기

IDEA 1. 꽃이 진 뒤 가지를 자른다
꽃이 지고 3월에는 포엽이 퇴색한다. 5월 초까지 실내에서 관리하고 화분의 겉 흙이 마르면 물을 주면서 새잎을 지켜본다. 5월 중순경 분갈이를 하면서 굵은 가지는 짧게 자르고, 8월 가지치기를 해준다.

IDEA 2. 꺾꽂이로 번식한다
포인세티아는 대체로 꺾꽂이로 번식한다. 4~5월경 굵은 줄기를 가지치기해 삽목한다. 이때는 줄기를 자르면 나오는 흰색 유액을 깨끗이 닦은 뒤 흙에 심는다. 유액을 닦지 않고 심으면 유액이 응고되어 뿌리내리기 어렵다. 삽목한 뒤에는 반그늘에서 관리 해준다. 새로 뿌리를 내리는데 걸리는 기간은 대략 한 달이다.

IDEA 3. 10월부터 빛을 완전히 차광한다
봄부터 가을까지는 잎이 초록색을 띠다가 점차 꽃대가 생기고 잎이 붉게 물든다. 초록색 잎만 달린 포인세티아를 보지 않으려면 10월부터 40~50일 동안 저녁부터 아침까지 빛을 완전히 차광한 환경을 만들어준다. 계속 실내 형광등 아래에 두면 일조시간이 길어져 꽃이 피지 못하거나 잎이 붉게 변하지 않는다.

1 예쁜 색의 포엽 사이로 꽃이 핀다.
2 꽃처럼 예쁜 겨울꽃 포인세티아.
3 습기에 약한 포인세티아는 저면관수로 뿌리 아래쪽부터 물이 흡수되도록 해준다.

은은하고 잔잔한 느낌으로 즐겨요
아게라텀 AGERATUM

개화기동안 살피기

아게라텀은 꽃을 워낙 풍성하게 오래 피운다. 하나씩 꽃이 지면 시든 꽃을 자르고, 뭉쳐 핀 꽃이 다 지면 꽃대 전체를 다 자른다. 이렇게 해야 꽃이 새롭게 올라와 개화기가 길어진다.

● 국화과 식물인 아게라텀은 엉겅퀴 꽃을 닮았다고 해서 멕시코 엉겅퀴(풀솜꽃)라고도 불려요. 항상 싱그러운 꽃을 피워 '불로화'라고 불리기도 해요. 새털 같은 부드러운 꽃이 둥글게 뭉쳐 피는 모습이 예뻐요. 아게라텀의 솜털 같은 꽃에서는 국화꽃 향기가 아닌 시원한듯 하면서도 달달한 포도 향기가 나요. 아주 화려한 꽃은 아니지만 흔치않은 푸른색 꽃과 향기는 아게라텀에게 충분히 매력을 느낄 수 있게 만들죠. 창가에 두고 잔잔한 느낌으로 봄, 가을을 즐기기 좋아요.

빛　　**BEST**　강한 햇빛을 피한 양지

한여름철 햇빛이 너무 강하면 얇은 잎이 탈 수 있다. 개화기(봄, 가을) 동안은 화분을 햇빛이 가장 잘 드는 밝은 곳에 둔다.

온도　　**BEST**　15~25℃, 최저 10℃

봄, 가을의 서늘한 온도를 선호한다. 한여름과 한겨울에는 개화를 멈춘다. 여름에는 통풍이 원활한 반그늘에서 화분을 관리한다. 겨울철에는 15℃의 실내로 들인다. 햇빛이 너무 강하고 건조한 공간에서는 진딧물이 생긴다.

물주기　　**BEST**　화분의 겉흙이 말랐을 때 듬뿍 물주기

규칙적으로 물준다. 개화기에는 물주기 시기를 놓치면 꽃이 피지 못하고 시든다. 잎이 얇아 흙이 건조하면 잎이 상해 회복되지 못한다. 처음 분갈이를 해주고 규칙적으로 물을 주면 화분 속에서 잘 자리 잡는데 도움이 된다.

1 향기로운 보라색 꽃이 활짝 피었다.
2 개별적으로 핀 하나의 꽃이 모여서 꽃송이를 만든다.

흔히 보는 종류　　아게라텀(보라색, 분홍색, 흰색)
추천 장소　　햇빛 좋은 베란다, 창가

순백의 눈 같은 꽃으로 피어나요
이베리스 IBERIS

이베리스 병충해
습도가 너무 낮게 유지되거나 한여름에 햇빛을 너무 받으면 잎에 깍지벌레가 생긴다. 잎에 가끔 물분무를 해 해충을 예방한다.

● 이베리스는 작고 짙은 초록색 잎 사이로 눈이 내린 듯한 흰색 꽃이 잔뜩 피어나는 식물이에요. 눈 같은 흰색 꽃이 핀다고 해서 '눈꽃'이라고 불려요. 흰색 꽃이 하나씩 뭉쳐 피어나서 또 하나의 완전한 꽃송이를 이루는 모습이 매혹적이죠. 구불구불하게 사방으로 늘어진 이베리스의 줄기는 화분 속에서 자연스러우면서도 멋스러운 모습을 보여줍니다. 성장하면서 점점 목질화되는 줄기와 화분 바깥으로 자연스레 줄기가 늘어지면서 순백의 꽃이 피어날 때면 그 어떤 꽃보다 더 화려하고 아름답게 다가와요.

빛　　　**BEST**　양지

빛의 양이 많은 곳에서 잎이 싱싱하고 꽃도 지속적으로 핀다. 빛의 양에 따라서 개화 기간이 많이 달라진다. 개화기가 끝난 후부터 한여름 동안에는 통풍이 잘되는 반음지에서 관리한다.

온도　　**BEST**　18~25℃

선선한 온도를 좋아하는 식물로 추위에 약하지 않지만 덥고 건조한 환경은 힘들어한다. 밤낮의 온도차가 나는 환경에서 관리하고 겨울철에는 서늘하다 싶은 베란다나 창가에서 관리한다.

물주기　**BEST**　화분의 겉흙이 말랐을 때 듬뿍 물주기

비교적 물을 좋아하는 식물로 흙의 건조함이 지속되지 않도록 주의한다. 물마름이 지속되면 잎이 모두 처지거나 마를 수 있는데 이런 모습이 나타나기 전에 규칙적으로 물준다.

1 이베리스는 꽃이 하나씩 모여피어 꽃송이를 이룬다.
2 꽃이 모두 지면 긴 꽃줄기를 자른다.

흔히 보는 종류　　이베리스
추천 장소　　　　햇빛 양이 가장 많은 베란다, 창가

헤어날 수 없는 매력, 꽃 화분

까다로운 만큼 키우는 즐거움이 커요

길을 오가며 예쁜 꽃 화분을 보면 누구나 한번쯤 '나도 키워보고 싶다'라는 생각을 해봤을 거예요. 늦겨울 진한 향으로 유혹하는 구근식물부터 소박한 매력을 발산하는 가을 국화, 추운 겨울 따뜻함을 전하는 시클라멘까지 계절별로 활짝 핀 예쁜 꽃을 보면 나도 모르게 행복해지죠. 이렇듯 꽃 피는 식물은 늘 초록 잎만 보여주는 관엽식물과는 분명 다른 매력을 느끼게 해줍니다. 작은 꽃 화분 하나만으로 실내 분위기가 화사해지고 피고 지는 꽃을 보면서 소소하지만 확실한 기쁨을 느낄 수 있죠. 매년 다시 피는 꽃을 보면서 키우는 재미와 보람을 느끼게 되요. 여리한 첫 인상과 달리 키울수록 점점 줄기가 목질화되고 작은 나무로 성장하는 것 볼 때면 감탄이 절로 나와요. 꽃 화분은 관엽식물보다는 키우면서 마주하는 어려움이 훨씬 더 많아요. 하지만 관리하기 어렵다는 이유로 포기하기에는 함께하는 즐거움이 너무 많답니다.

꽃피는 식물을 키울 때는 꽃이 없을 때도 사랑할 수 있는 마음을 가지는 게 중요하다고 생각해요. 참고 기다리는 인내 끝에 늘 다시 피어나는 꽃이 있거든요. 예쁜 꽃과 일상 속 작은 행복을 느껴보길 바랄게요.

싱싱한 꽃을 골라오세요

잎과 줄기가 튼튼한지 확인하고 전체적인 모양도 체크하세요. 처음부터 튼튼하고 예쁜 모양을 골라야 오래 함께할 수 있어요. 처음 꽃 식물을 키우는 분이라면 한 두 송이 정도 꽃이 핀 화분을 골라보세요. 꽃봉오리가 가득한 화분을 구입했다가 여러 가지 문제로 막상 꽃 피는 모습을 보지 못할 수 있거든요. 두 번째로 잎과 줄기가 모두 싱싱한지 체크하세요. 식물 전체를 비닐봉투로 감싼 경우 오랫동안 이 상태로 화원에 있었다면 바람이 통하지 않아 잎이나 줄기가 부분적으로 상했을 가능성이 커요. 처음부터 싱싱한 꽃을 골라 데려오는 게 가장 좋으니 꼼꼼히 살피길 추천합니다.

일교차가 나는 곳에서 키우세요

개화기 동안 꽃을 더 오래 보려면 온도 관리를 잘 해야 합니다. 어떤 꽃이든 하루 종일 따뜻한 장소에 두면 개화기가 확실히 짧아지거든요. 낮에는 따뜻하고 햇빛이 잘 드는 장소에서, 밤에는 온도가 낮은 장소에 두면 꽃을 더 오래볼 수 있어요. 특히 겨울밤에는 찬바람이 들지 않고 15~18℃를 유지하는 실내 창가나 베란다에서 관리하세요. 특히 겨울철 실내 안쪽에 꽃 화분을 두고 키우는 분이 많아요. 실내는 온도는 높고 습도는 낮아서 개화기가 짧아질 수 있으니 밤낮 온도차가 나는 곳에서 꽃 화분을 관리하길 추천해요.

실내에서 꽃 화분을 키울 경우 습도가 너무 낮으면 꽃봉오리가 피지 못하고 마르거나 떨어질 수 있으니 식물 주변으로 가볍게 물 분무해 공중습도를 높여주세요.

꽃이 진 뒤에도 세심하게 돌봐요

아무리 오래 꽃을 피우는 식물이라도 저마다의 개화기가 끝나면 꽃을 피우지 않고 쉬어가요. 꽃이 활짝 폈을 때보다 이때 더 세심하게 관리해야 합니다. 꽃이 하나씩 시들어갈 때면 얼른 시든 꽃부터 제거하세요. 새로 피는 꽃에게 더 많은 영양분을 주어 개화기를 더 연장시킬 수 있어요. 완전하게 꽃이 지면 시든 꽃대를 포함해 줄기를 함께 잘라 가볍게 가지치기해주세요. 몇몇 꽃 식물을 제외하고는 새로 잎이 나고 다시 꽃이 피거든요. 또 통풍을 잘해서 흔하게 생기는 병충해를 예방할 수 있어요. 이렇듯 곁가지를 늘리면서 전체적으로 풍성하게 키우세요.

꽃에 물이 닿지 않게 물줘요

꽃이 핀 화분에 물줄 때는 꽃 위에 물이 닿지 않도록 흙 위쪽으로 물을 주세요. 수국처럼 꽃잎이 활짝 벌어져 있는 종류를 제외하고 대부분의 꽃 식물은 꽃에 물이 닿는 것을 반기지 않아요.

특히 장미처럼 꽃잎이 겹겹이 쌓여 피는 종류는 물이 꽃 안쪽으로 들어가지 않도록 주의해야 됩니다. 꽃에 물이 고여서 마르지 않으면 빨리 시들기 때문이에요. 세인트폴리아처럼 잎이 솜털로 덮인 종류나 물이 빨리 마르지 않는 잎을 가진 꽃은 물줄 때 잎에도 물이 닿지 않도록 해요. 물이 닿으면 곰팡이병이 생겨 시들어요. 또한 화분 위의 습기에 약한 식물도 있어요. 구근식물, 시클라멘, 페어리스타, 세인트폴리아는 화분 위로 물주기보다는 화분을 통째로 물에 담그는 저면관수 방법을 추천합니다.

계절마다 관리 방법이 달라요

꽃 피는 식물은 모두 햇빛을 좋아할 거라는 편견이 있지요? 많은 꽃 식물이 햇빛을 좋아하지만 반그늘에서 오랫동안 꽃을 피우거나 여름이나 겨울철 꽃을 피우는 종류도 있어요. 또한 추운 겨울을 겪어야 꽃이 피는 종류도 있죠. 키우는 꽃이 좋아하는 환경과 온도를 제대로 파악하면 개화기 상관없이 사계절 내내 꽃을 볼 수 있어요.

꽃마다 개화 시기가 다른 것처럼 언제 꽃을 피우느냐에 따라 꽃의 특징과 관리법이 달라져요. 대체적으로 봄과 여름에 꽃 피는 종류는 추위에 약하고 겨울철 꽃 피는 종류는 더위에 약하답니다. 늦봄이나 여름에 꽃 피는 식물을 데려왔을 때는 겨울철 추위에 노출되지 않도록 실내에서 관리해야 해요. 가을이나 겨울철 꽃 피는 식물은 덥고 습한 여름철에는 특히 주의해야 하죠. 계절별로 제대로 관리하지 않으면 매년 꽃이 피는 다년생 꽃 식물도 한해살이가 됩니다.

Part.4
작은 나무에 꽃이 피다

꽃이 화려할수록 꽃이 진 뒤의 초라함이 걱정되어 마음이 무겁습니다. 아름다운 꽃이 떨어지고 나면 여린 줄기가 단단한 나무가 되는 성장을 겪습니다. 작은 나무에서 꽃이 피고 탄탄한 모습으로 변모했다 다시 꽃을 피우는 순환을 경험해보세요. 해마다 다른 모습에 깜짝 놀랄 거예요.

Planterior

신선하고 기분 좋은 허브 향기를 뿜어요
보로니아 BORONIA

● 많은 꽃이 화분 가득 펴 유난히 눈길을 끄는 식물이 있어요. 가만히 들여다보면 깃털 같은 초록 잎이 풍성해 기분 좋아지죠. 신선하고 좋은 향기를 가득 내뿜는 보로니아 헤테로필라와 보로니아 피나타예요.

호주가 원산지인 이 식물들은 다른 식물에게 없는 장점이 참 많아요. 헤테로필라는 작은 종 모양의 꽃이 매력적이고 피나타는 분홍색 별 모양 꽃이 가득해요. 활짝 핀 꽃도 많지만, 앞으로 필 꽃봉오리가 많아서 식물을 사들고 오는 길부터 벌써 설렘이 가득하죠. 게다가 보로니아만의 향기가 얼마나 특별한지, 눈과 코를 함께 즐겁게 해줘요. 작은 나무처럼 자라는 두 식물은 물 관리만 잘해주면 무난하게 오래 함께할 수 있어요. 따뜻한 봄 내내 예쁜 꽃을 즐기면서 튼튼하게 오래 키우는 방법 몇 가지를 살펴봐요.

흔히 보는 종류   보로니아(헤테로필라, 피나타)
추천 장소   베란다, 실내 창가

보로니아 키우기

빛

BEST 양지

헤테로필라와 피나타 모두 햇빛을 좋아한다. 단 한여름철 강한 햇빛은 피해서 관리한다. 한여름철 햇빛이 너무 강한 곳에서 관리하면 물마름이 빨라 잎이 마를 수 있고 건조해지기 쉽다.

온도

BEST 20~25℃, 최저 5℃

보로니아는 너무 춥거나 더운 온도는 좋아하지 않는다. 여름철에는 강한 햇빛을 피해 바람 잘 통하는 시원한 곳에 화분을 두고, 겨울철에는 5~10℃의 실내에서 월동한다. 겨울철 심한 추위에 노출되지 않아야 다음해 꽃이 많이 핀다.

물주기

BEST 화분의 겉흙이 말랐을 때 듬뿍 물주기

규칙적으로 물준다. 화분의 흙을 너무 건조하게 관리하면 개화기 동안 꽃이 제대로 피지 않고, 잎이 얇아 한번 마르면 회복되지 않는다. 화분의 2~3일 주기로 겉흙이 마르면 늦추지 말고 바로 물준다. 겨울철에는 다른 계절보다 하루 이틀 물주기를 늦춰서 흙을 건조하게 관리해도 된다. 물을 줄 때는 되도록 꽃과 잎에 물이 닿지 않도록 주의한다.

애정을 담은 키우기

IDEA 1. 개화기 직후 가지치기한다

잎이 가득한 보로니아는 꼭 가지치기를 해준다. 식물의 전체적인 균형을 맞춰 볼륨감 있게 키울 수 있을 뿐 아니라 새순의 성장을 돕는다. 늘어진 줄기나 위로 삐죽하게 나온 잎은 정리한다. 개화가 끝난 직후(봄의 끝자락) 가지치기를 실시한다. 늦여름 이후 가지치면 풍성하게 성장하지 못한다.

IDEA 2. 물꽂이하여 번식한다

가지치기 하면서 자른 튼튼한 가지는 번식에 이용한다. 봄에서 초여름 사이 자른 가지를 물 빠짐이 좋은 흙(마사토 비율이 많은 흙)에 심어 흙이 마르지 않도록 부지런히 물준다. 또는 물꽂이를 한 후 뿌리가 나오면 흙에 옮겨 심는다.

IDEA 3. 병충해를 예방한다

보로니아는 햇빛이 강하고 덥고 건조하면 잎이나 줄기에 해충(진딧물이나 깍지벌레)이 생긴다. 물마름이 지속되지 않게 하고, 여름이 시작되기 전 안쪽 가지를 가지치기해 통풍을 원활하게 해줘 병충해를 예방한다.

1 분홍색 작은 꽃봉오리가 활짝 피어나 화사한 분홍색 꽃을 가득 보여준다.
2 시간이 지나면서 길어진 줄기와 잎을 잘라 곁가지를 늘리고 옆으로 풍성하게 키운다.

하늘거리는 꽃잎이 예뻐요
서양철쭉 AZALEA

서양철쭉 가지치기

서양철쭉은 가지치기를 자주 해주는 것이 좋다. 전체적으로 모습을 단정하게 만들기 위해서이기도 하지만, 가지를 쳐주면 성장을 도와 매년 더 많은 꽃을 피울 수 있다. 가지치기 시기는 꽃이 모두 지고 난 뒤 여름이 시작되기 전 오래된 가지나 웃자란 가지를 잘라 정리한다.

● '아잘레아'라고 불리는 서양철쭉은 진달래과의 상록성 관목이에요. 붉은색, 분홍색, 흰색 등 꽃 색이 다양하고 색에 따라서 불리는 이름이 다르지요. 커다란 꽃송이가 매력적인 서양철쭉은 저온성 식물로 겨울부터 봄까지 화원에서 흔히 볼 수 있어요. 늦겨울부터 이른 봄까지 꽃이 피어있는 동안 그 어떤 꽃나무 보다 화사한 모습을 보여줍니다. 꽃이 지고 난 뒤에도 짙은 초록 잎을 내내 감상할 수 있어요.

빛　　　BEST　반음지

개화기 동안은 햇빛 잘 드는 장소에서, 여름철에는 강한 햇빛을 피한 반그늘에서 관리한다. 그늘진 장소만 피하면 무난하게 실내에서 성장한다.

온도　　BEST　15~21℃, 최저 5℃

서늘하다 싶은 기온을 좋아한다. 개화가 시작되는 시기에는 밤 동안 10℃ 전후에서 관리한다. 내내 따뜻한 곳에서 관리하면 개화기 때 꽃이 피지 않는다.

물주기　BEST　화분의 겉흙이 말랐을 때 듬뿍 물주기

건조한 흙 상태를 좋아하지 않는다. 화분의 겉흙이 말랐을 때 듬뿍 물을 준다. 이때 잎이나 꽃에 물이 닿지 않도록 주의한다.

1 늦겨울 서양철쭉 가지 끝자락으로 꽃봉오리가 맺힌다.
2 커다란 꽃송이가 화려하다.

흔히 보는 종류　　서양철쭉(진분홍색, 연분홍색, 흰색)
추천 장소　　　　실내 베란다, 창가 앞

고혹적인 향기가 천 리 가요
서향나무 DAPHNE ODORA

개화기의 습도 관리

개화기 동안 너무 덥거나 습도가 낮으면 꽃봉오리 상태로 그냥 떨어지거나 핀 꽃이 오래 지속되지 않는다. 식물 주변으로 가볍게 분무하여 공중습도를 높여준다.

● 서향나무는 추운 겨울 진한 향기를 선물하는 매력적인 식물이에요. 꽃향기가 천 리를 간다고 해서 '천리향'이라는 이름으로 불러요. 상서로운 향기를 가졌다는 서향, 천리향의 꽃말은 갑자기 '생겨난 행운'이라고 해요. 오랫동안 잊히지 않는 서향나무의 꽃향기는 추운 겨울을 기다리게 만드는 힘을 가지고 있어요. 연한 분홍빛의 꽃을 가장 흔히 볼 수 있고요, 순백의 꽃이 피는 백서향나무도 있어요.

서향나무는 한여름에는 최대한 바람이 잘 통하고 햇빛이 강하게 들지 않는 반그늘에서 관리해줘요. 가을부터는 일교차가 나는 곳, 즉 밤 기온이 5~10℃인 장소에서 키우면 꽃을 피우는데 도움이 되요.

빛　　BEST　반음지

강한 햇빛보다는 반음지를 선호한다. 개화기에는 이보다 햇빛을 더 받을 수 있는 곳에서, 나머지 계절은 반음지에서 키운다.

온도　　BEST　10~21℃, 최저 5℃

서늘한 장소를 좋아하므로 적정 관리온도를 맞추면 건강하게 성장한다. 여름철 관리에 주의하고 개화기에는 낮과 밤 온도 차이가 나는 곳에 화분을 두면 꽃을 오래 볼 수 있다.

물주기　　BEST　화분의 겉흙이 말랐을 때 듬뿍 물주기

물을 좋아하는 식물이지만 흙의 건조함에 아주 약하지는 않다. 고온기인 여름과 개화기 동안에는 겉흙이 말랐을 때 규칙적으로 물을 주고 나머지 계절에는 다소 흙을 건조하게 관리한다. 과습 시 잎이 노랗게 변하면서 떨어진다.

1 서향나무는 위쪽을 가지치기해주면 곁가지가 늘어나 잎이 풍성해진다.
2 서향나무의 꽃과 꽃 위로 새잎이 올라온다.
3 새잎 사이로 다음 해 피어날 꽃봉오리가 생긴다.

흔히 보는 종류　　서향나무(분홍색, 흰색)
추천 장소　　반쯤 그늘진 베란다, 실내 창가

멋스러운 잎에 귀여운 꽃이 가득해요
왁스플라워 GERALDTON WAX FLOWER

습도가 낮을 때 나타나는 현상

햇빛이 많은 곳에서 키우는 식물이다 보니 습도가 낮아지기 쉽다. 습도가 낮으면 꽃봉오리가 피지 못한 채로 떨어지며 건조한 곳에서는 진딧물이 생길 수 있으므로 식물 주변으로 가볍게 분무해 습도를 높여준다.

● 꽃시장이나 꽃다발 속 절화로 더 익숙한 왁스플라워는 호주가 원산지입니다. 소나무 같은 잎에 매화처럼 작은 꽃이 피어서 '솔매', 지역명을 따서 '제럴턴 왁스'라고도 부릅니다.

꽃봉오리가 달려서 활짝 피기까지 한 달 이상의 시간이 필요하지만, 활짝 핀 꽃이 한 달 이상 지속되니 기다림이 나쁘지만은 않죠. 가지와 잎이 무성하므로 꽃이 진 뒤에는 가지치기를 해 통풍이 되게 해주어야 건강하게 잘 자라요. 또한 새잎이 올라오는 위쪽 가지를 잘라 곁가지는 늘려주세요. 왁스플라워는 귀여운 꽃과 멋스러운 잎을 모두 즐겁게 감상할 수 있어요.

빛   BEST   양지

한여름을 제외하고 햇빛 양이 가장 많은 곳에서 관리한다. 반그늘에서도 성장하지만 햇빛이 잘 드는 곳에서 키웠을 때 꽃 달림이 많고 잎도 성성하다. 한여름에는 반그늘에 화분을 둔다.

온도   BEST   15~21℃

선선한 기온을 선호하고 추위에도 강하다. 낮과 밤의 온도차가 나고 햇빛이 풍부한 베란다나 창가에서 관리한다.

물주기   BEST   화분의 겉흙이 말랐을 때 듬뿍 물주기

물을 좋아하는 편이므로 화분의 겉흙이 말랐을 때 물을 준다. 건조한 흙 상태가 지속되면 잎과 가지가 마른다. 잎이 완전히 마르면 회복이 불가능하다.

1 가지를 따라 작은 잎이 가득 달린다.
2 꽃봉오리가 말라서 떨어지지 않도록 규칙적으로 물주기를 하고 식물 주변으로 분무한다.
3 흰색의 자잘한 왁스플라워 꽃.

흔히 보는 종류   왁스플라워(분홍, 연분홍, 진분홍, 흰색)
추천 장소   햇빛이 잘 들고 통풍이 잘되는 베란다, 창가

개나리 같은 노란 꽃이 가득 피어요
개나리자스민 CAROLIANA JASMINE

독성에 주의하기

개나리자스민은 식물의 모든 부분에 독성 알칼로이드가 있다. 어린이나 애완동물이 있는 집이라면 꽃이나 잎을 먹지 않도록 주의해야한다.

● 　　진한 베이비파우더 향기가 매력적인 개나리자스민은 미국 캐롤라이나 주의 주화여서 '캐롤라이나자스민'이라 불려요. 겨울과 봄 사이 개나리처럼 귀여운 꽃을 풍성하게 보여주지요. 사실 개나리자스민은 자스민과는 상관이 없지만 자스민 꽃향기가 워낙 진하다보니 이런 이름이 붙었어요.

가을부터 밤낮 온도차가 나는 장소에 화분을 두면 초록색 잎이 점차 붉게 물들어요. 단풍이 물들듯 색이 변하는 잎과 노란꽃이 대조되어 또 다른 매력이 느껴집니다. 꽃이 흔하지 않은 겨울철, 향기로운 꽃과 덩굴을 이루며 멋스럽게 자라는 개나리자스민은 실내를 더 따뜻한 모습으로 만들어줘요.

빛	**BEST**	양지, 반음지
	반음지에서도 성장하지만, 빛이 풍부한 장소에서 더 건강하게 자란다. 햇빛이 부족하면 줄기가 얇아진다.	
온도	**BEST**	13~25℃, 최저 5℃
	봄부터 초가을까지는 실외에서 키울 수 있다. 추위에 약하진 않지만 지속적인 추위는 견디지 못한다.	
물주기	**BEST**	화분의 겉흙이 말랐을 때 듬뿍 물주기
	겉흙이 말랐을 때 듬뿍 물준다. 특히 꽃봉오리가 맺혀 있을 때나 개화기 동안은 부지런히 물주기를 한다.	

1 개나리꽃을 닮은 노란색의 향기로운 꽃이 활짝 핀다.
2 가을부터 일교차가 생기는 장소에 화분을 두면 잎이 모두 붉게 물든다.
3 줄기가 덩굴을 이루며 자라므로 지지대를 세워준다.

흔히 보는 종류　　개나리자스민
추천 장소　　양지

탐스러운 색색의 꽃이 유혹해요
수국 HYDRANGEA

● 　　작은 꽃이 한데 뭉쳐 피어서 소담한 모습을 보여주는 수국. 탐스러운 색색의 수국을 좋아하지 않는 사람이 과연 있을까 싶어요? 꽃이 활짝 피었다 시드는 순간까지 변해가는 꽃모습을 감상하는 즐거움이 크답니다. 수국은 봄철 늘 화원의 앞자리를 차지하고, 다양한 색과 크기의 꽃으로 눈길을 끌어요. 하지만 일반적으로 키우기 쉽지 않다는 이야기를 많이 하죠. 수국은 키우는 환경에 예민하진 않지만 자칫 물주는 시기를 놓쳐버리면 빠르게 시들어요. 물 관리에 좀 더 신경 쓰며 세심하게 관심을 주고 돌봐야해요.

빛	BEST	반음지

수국은 아침 또는 오후에 햇빛이 드는 반그늘에서 잘 자란다. 개화기에는 햇빛을 더 많이 받을 수 있는 장소로 옮겨준다.

온도	BEST	7~18℃, 최저 5℃

건조한 실내보다는 베란다 창가에서 관리한다. 겨우내 실내에 화분을 두면 다음해 잎만 무성하고 꽃은 피지 않는다. 월동 시 5℃ 이상의 베란다 실내 창가에 둔다.

물주기	BEST	화분의 겉흙이 말랐을 때 듬뿍 물주기

화분의 흙이 완전히 마르지 않도록 겉흙이 말랐을 때 바로 물주기를 한다. 물 부족 시 잎이 늘어지고 상한다. 특히 개화기에 물이 부족하면 꽃봉오리가 마르거나 핀 꽃이 빠르게 시든다. 과습보다 물 마름이 지속되지 않도록 주의한다.

1 뭉쳐 핀 꽃이 모두 시들면 꽃대를 길게 잡고 잘라준다.
2 핀 꽃이 싱싱한 모습으로 유지되도록 꽃 주변으로 물 분무해 공중습도를 높여준다.

흔히 보는 종류	수국, 목수국, 산수국, 겹꽃수국
추천 장소	베란다, 창가, 외부 화단

작은 나무로 변하는 모습을 지켜보세요
익소라 IXORA

다재다능한 매력

실내에서 키우기 쉬우면서 공기정화 식물로 악취 제거도 하는 익소라는 화사한 꽃이 오래가기 때문에 특히 가정에서 많이 사랑받는다.

● 봄과 가을 사이 화사한 꽃과 윤기 나는 초록 잎을 한 번에 감상할 수 있는 익소라는 장점이 많은 식물이에요. 예쁜 꽃과 함께 해가 갈수록 작은 나무로 성장하는 모습을 보며 키우는 재미가 쏠쏠할 거예요. 붉은색부터 오렌지색, 분홍색, 노란색, 흰색 등 색이 참 다양하죠. 잎이 좁고 작은 종류도 있는데, 모습이 달라도 비슷한 느낌의 꽃을 발견하면 아마 '아! 익소라구나'라고 쉽게 알 수 있을 거예요. 꽃이 모두 시들면 꽃대 아랫부분을 가지치기하고 곁가지를 늘려가면 꽃을 더 많이 볼 수 있어요.

빛　　　　BEST　반음지

한여름철 강한 햇빛은 피하고 나머지 계절에는 밝은 장소에서 관리한다. 반그늘이나 반음지에서도 무난하게 성장하며, 개화기에는 햇빛을 더 받을 수 있는 장소에 둔다.

온도　　　BEST　15~27℃, 최저 10℃

열대성 식물인 익소라는 고온에 강하지만 추위에는 약하다. 겨울철에는 실내에서 관리한다.

물주기　　BEST　화분의 겉흙이 말랐을 때 듬뿍 물주기

봄부터 가을까지는 겉흙이 말랐을 때 듬뿍 물을 주고, 개화기에는 흙이 완전히 마르지 않도록 더 신경 쓴다. 겨울철에는 과습에 주의한다.

1 별 같은 작은 꽃이 한데 뭉쳐서 핀다.
2 붉은색으로 올라오는 새잎은 점차 초록색으로 변해간다.

흔히 보는 종류　　치넨시스, 콕시네아
추천 장소　　　　반음지

일곱 가지 색으로 변하며 꽃이 펴요
란타나 LANTANA

● 꽃이 피고 질 때 까지 일곱 가지 색으로 변하는 꽃 란타나, 이런 특징 때문에 '칠변화 꽃'이라 불려요. 레몬색으로 핀 꽃은 주황색으로, 다시 분홍색으로 변했다가 연한 핑크색으로 색을 바꾸며 시들어요. 란타나가 지속적으로 꽃을 피우기 위해서는 햇빛의 양이 풍부해야해요. 개화기는 늦봄부터 가을까지 지속되는데, 겨울철에도 15℃이상의 장소에 두면 하나둘씩 꽃이 계속 피어요. 온실가루이나 잎에 곰팡이병이 흔히 생기는데 이때는 즉시 해충이 생긴 잎을 제거해주거나, 심하다면 빨리 해충약을 사용해야 합니다.

빛　　　BEST　양지

한여름에도 잘 성장한다. 햇빛 양이 많고 건조한 장소에서 번성해 여름철에도 꽃이 화려하게 핀다. 동향보다 남향, 남서향 환경이 좋다.

온도　　BEST　15~27℃, 최저 5℃

줄기가 목질화되고 화분이 작지 않다면 낮은 온도에서도 겨울을 난다. 추운 곳에서 겨울을 날 경우 잎을 떨구면서 휴면했다가 봄철 잎이 다시 올라온다.

물주기　BEST　화분의 겉흙이 말랐을 때 듬뿍 물주기

화분의 겉흙이 완전하게 말랐을 때 물주기를 한다. 개화기 동안에는 흙이 건조하지 않도록 주의하고 한겨울에는 다른 계절보다 물주는 시기를 더 늦춘다.

1 꽃이 피면서 질 때까지 다양한 색으로 변한다.
2 열매가 검은색으로 익기 전에 제거해야 꽃이 풍성하게 핀다.

흔히 보는 종류　　란타나
추천 장소　　　　베란다, 창가, 외부 화단

향기로운 꽃과 오렌지색 열매를 감상해요

오렌지자스민 ORANGE JASMINE

병충해 관리

건조하고 통풍이 잘 되지 않는 겨울철에는 깍지벌레나 응애가 생길 수 있다. 병충해 예방을 위해 잎에 자주 분무해 습도를 높여준다.

● 윤기 나는 작은 잎들 사이에 흰색 작은 꽃이 피는 '오렌지자스민'은 실내에서 꽃과 초록 잎은 물론 멋진 수형을 감상할 수 있는 식물이에요. 사계절 인기가 많은 식물로 늦봄에서 가을까지 여러 번 꽃이 피고 져요. 늦가을부터는 꽃이 진 자리에 초록색 열매가 달려 점차 주황색으로 익어가는데 붉은기 도는 짙은 주황색 열매는 작은 오렌지같아 보이기도 하죠. 사계절 다양한 모습의 오렌지자스민은 여러 실내 조건 속에서도 무난히 적응해 오랫동안 함께할 수 있답니다.

빛　　　BEST　　반음지

강한 햇빛에도 잎이 타지 않으며 잘 견딘다. 빛의 양에 따라서 잎 색이 연하거나 짙어진다. 지속적으로 빛이 부족하면 꽃이 피지 않고 잎의 윤기가 사라진다.

온도　　BEST　　15~28℃, 최저 5℃

한여름철 고온도 잘 견디고 추위에도 아주 약하지 않다. 겨울철에는 5~10℃ 사이에서 관리하고 지속적으로 온도가 내려가거나 찬바람 드는 장소는 피한다.

물주기　BEST　　화분의 겉흙이 말랐을 때 듬뿍 물주기

흙의 건조함을 잘 견딘다. 한여름철과 개화기 동안은 겉흙이 말랐을 때 바로 듬뿍 물을 주고 겨울에는 이틀정도 물주는 시기를 늦춰가면서 과습되지 않도록 한다.

1 진한 향기를 풍기는 오렌지자스민의 흰색 꽃.
2 흰색 꽃이 진 자리에 초록색 작은 열매가 생긴다.
3 초록색 열매는 점차 오렌지색으로 익어간다.

흔히 보는 종류　　　오렌지자스민
추천 장소　　　　　양지, 반음지

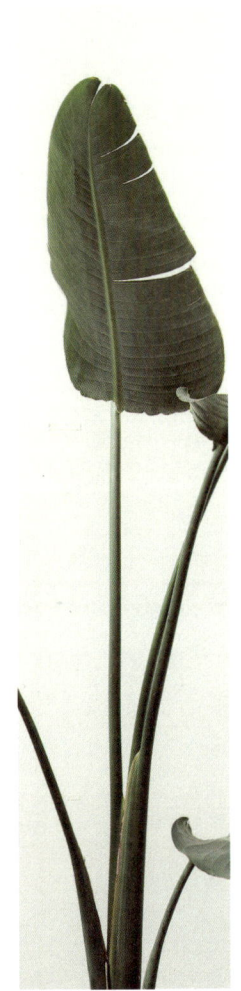

Part.5

키 큰 식물을 들이다

허공을 향해 쭉 뻗은 나무줄기가 묘한 감정에 사로잡히게 합니다. 내 키처럼 큰 관엽식물은 밋밋한 공간에 힘을 주지요. 실내에서 나다움을 가장 잘 표현할 식물 친구는 바로 키 큰 식물입니다. 당신 곁에 키가 큰 식물이 있나요?

Planterior

이국적인 멋을 선사해요
녹보수 CHINA DOLL

● '녹색의 보석 같은 나무(Emerald tree)'라는 멋진 의미의 이름을 가진 녹보수는 반짝이는 진초록 잎을 가득 달고 있어요. 녹보수를 실내에 두면 부를 불러온다는 속설이 있어 늘 인기랍니다. 특히 크게 손길을 주지 않아도 스스로 잘 성장하기 때문에 처음 식물을 키우기 시작하는 분께 추천합니다.

길쭉하게 위로 뻗은 줄기가 청량감을 주고 잎이 양옆으로 퍼져 풍성하게 자라는 매력적인 식물이에요. 층을 이룬 가지에 달린 잎과 그 잎 밑으로 미끈하게 드러난 나무줄기가 아름다워 이국적인 멋을 선사하죠. 대표적인 공기정화 식물 녹보수와 해피트리는 잎뿐만 아니라 전체적인 모습이 비슷하여 헷갈릴 수 있어요. 두 식물의 가장 큰 차이점은 나무의 표면입니다. 녹보수 나무의 표면이 좀 더 매끄럽고 해피트리는 거칠어요. 또한 잎에서도 차이가 있는데요, 녹보수는 잎 가장자리가 톱니 모양이고 해피트리는 녹보수에 비해 잎 가장자리가 매끄러운 편입니다. 실내에서 키우기 쉬운 식물 녹보수의 매력을 경험해보세요.

1 녹보수의 곧은 나무줄기를 따라 가지가 수평으로 달려있다.

흔히 보는 종류	녹보수
추천 장소	거실 창가 앞, 텔레비전장·소파 옆, 거실 안쪽

녹보수 키우기

빛
  BEST 반음지
  WORST 음지

녹보수는 반음지 환경을 선호한다. 너무 햇빛이 강하면 본연의 잎 색이 연해지고 탈 수 있으니 한여름철 강한 햇빛에 노출되지 않도록 신경 쓴다. 한편, 오랫동안 일조량이 적은 환경에서 키우다보면 잎의 윤기가 사라지고 잎과 잎 사이가 멀어지는 웃자람 현상이 나타난다. 자꾸 가지가 한쪽으로 휘어져 자라거나, 전체적인 모습을 봤을 때 잎이 빽빽하지 않다면 키우는 장소의 빛의 양이 너무 적지 않은지 체크한다.

온도
  BEST 18~24℃, 최저 10℃
  WORST 10℃ 이하

아열대성 식물인 녹보수는 추운 겨울철 관리에 신경써야 한다. 찬바람과 추위에 노출되면 잎을 떨구다가 심할 경우 식물 전체가 언다. 겨울철에는 반드시 18℃ 이상의 실내에서 관리한다.

물주기
  BEST 계절별 규칙적인 물주기
  WORST 한여름철(건조), 겨울철(과습)

녹보수 화분은 성장기(봄부터 가을)에는 화분의 겉흙이 말랐을 때 듬뿍 물준다. 화분의 흙이 너무 건조하거나 과습 되면 잎이 노랗게 되면서 떨어진다. 화분의 재질이나 크기, 키우는 환경에 따라서 물주는 시기는 조금씩 달라진다. 큰 나무는 실내 반음지 환경에서 봄부터 가을에는 7~10일, 겨울철에는 10~15일 주기로 물을 준다. 특히 겨울철에는 과습되지 않도록 화분의 흙이 말랐는지 정확하게 체크하고 물을 준다.

애정을 담은 키우기

IDEA 1. 가지치기한다
녹보수는 빽빽한 잎이 매력적이라 적당하게 가지치기를 해주면 꾸준히 멋진 모습을 감상할 수 있다. 따로 시기가 정해져 있진 않지만 성장기인 봄과 가을 사이가 가장 좋고 줄기가 늘어나거나 잘못된 방향으로 자라면 정리한다. 더불어 규칙적으로 식물 위쪽의 새순을 제거해 키가 위로만 자라지 않고 옆으로 뻗어서 풍성해지도록 만들어준다.

IDEA 2. 겨울철 공중습도를 높여준다
녹보수는 병충해가 거의 없지만, 겨울철 건조하고 통풍이 부족한 실내에서 키우면 잎에 솜처럼 생긴 깍지벌레나 진드기, 개각충이 생긴다. 2~3일에 한 번씩 잎 전체적으로 분무하여 공중습도를 높여준다.

IDEA 3. 반음지에서 키운다
녹보수는 강한 햇빛을 제외한 밝은 그늘에서 잘 자란다. 아침나절이나 오후에 드는 빛 등 반음지 환경에서 키운다. 집에 햇빛이 잘 들지 않으면 간접광이나 빛을 대신할 수 있는 인공조명을 둔다.

2 잎 가장자리를 따라 톱니가 있는 것이 해피트리와의 차이점이다.
3 늘어지는 줄기는 잘라 식물의 균형을 맞춘다.
4 해피트리는 녹보수보다 나무줄기가 더 매끄럽다.

쭉 뻗은 줄기가 밋밋한 공간에 힘을 줘요
아레카야자 ARECA PALM

● 　　아레카야자는 아주 오래 전부터 꾸준한 사랑을 받아 온 식물 중 하나예요. 요즘 실내 인테리어 식물로 더 큰 사랑을 받아 그 모습과 이름이 익숙할 거예요. 특별하게 관리하지 않아도 실내에서 오랫동안 키울 수 있어 선호도가 높습니다. 자주 보는 탓에 무심코 지나치기에 십상이지만 무시할 수 없는 매력이 있답니다.

무엇보다 긴 줄기가 곡선을 이루며 멋스럽게 떨어지는 잎이 이국적인 느낌을 줍니다. 뾰족한 바늘 같은 새 줄기가 올라오다가 잎이 하나 둘 펴지면서 어느샌가 커다란 잎으로 변신합니다. 초록색 잎 사이로 올라오는 연둣빛 새잎이 참 사랑스러워요. 어쩌면 아레카야자는 특별한 소품이 없는 공간에 화분 하나만으로 가장 쉽게 장식 효과를 낼 수 있는 식물이 아닌가 싶어요. 공간 차지가 크지만 실내 공기정화 식물 1위라는 타이틀 덕분에 아레카야자 키우기를 포기할 수 없게 만들죠. 그린 인테리어의 대명사이자 높은 가습 효과를 기대할 수 있는 아레카야자, 화분에 심어 오래 함께하는 몇 가지 방법을 알아봐요.

1 쭉 뻗은 줄기가 시원한 느낌을 주는 세이프리지야자.

흔히 보는 종류　　아레카야자, 켄차야자, 테이블야자, 세이프리지야자
추천 장소　　거실 안쪽 반쯤 그늘진 장소

아레카야자 키우기

빛

BEST 반음지
WORST 음지

아레카야자는 빛이 적게 드는 음지에서도 잘 견딘다. 하지만 햇빛이 적당하게 드는 반음지에서 가장 잘 성장하고 잎이 건강하게 유지된다. 빛이 적은 실내에서 키우면 잎의 넓이가 점점 좁아지거나 성장이 느려진다. 반대로 강한 햇빛이 드는 곳에서는 잎 끝이 타거나 잎 색이 연해지니 피해서 관리한다.

온도

BEST 16~24℃
WORST 10℃ 이하

다른 관엽식물에 비해 겨울철 추위에 강한 편이지만, 열대성 식물답게 16~24℃ 환경을 가장 선호한다. 한여름철 고온을 걱정하기보다는 겨울철 냉해를 입지 않도록 주의한다. 13℃ 이하로 내려가지 않고 찬바람이 들지 않는 환경이 적당하다. 갑자기 온도가 내려가면 잎과 줄기가 노랗게 변하거나 잎 위에 갈색점이 생긴다.

물주기

BEST 화분의 겉흙이 말랐을 때 듬뿍 물주기
WORST 젖은 흙, 과습

아레카야자는 계절과 키우는 장소에 따라 물주는 시기가 많이 달라진다. 봄부터 초가을까지는 화분의 겉흙에서 대략 2cm 정도 손가락을 넣었을 때 물기가 느껴지지 않으면 물을 준다. 겨울철에는 물주는 시기를 3~4일씩 더 늦춘다. 빛이 적은 환경에서 키울 때는 2주 주기로 화분의 흙이 확실히 말랐는지 확인한 뒤 물을 준다. 아레카야자는 흙의 건조함은 잘 견디는 식물로 과습이 되지 않도록 특별히 주의한다.

애 정 을 담 은 키 우 기

IDEA 1. 늘어진 잎은 정리 해준다
아레카야자는 특별히 가지치기를 해야 하는 식물은 아니다. 하지만 화분 밑쪽으로 늘어진 잎이나 부분적으로 노랗게 또는 갈색으로 변한 잎은 잘라주고 잎이 너무 빡빡하면 정리한다.

IDEA 2. 병충해를 예방한다
실내가 건조해지는 계절에 해충이 생기기 쉽다. 특히 습도가 낮은 겨울철 실내에서 관리 시 깍지벌레 등 해충의 습격을 받는다. 공중습도를 높여줘 병충해를 예방한다.

IDEA 3. 잎 주변으로 분무한다
아레카야자는 일반적인 실내 습도에서 무난하게 성장한다. 하지만 실내가 건조하면 3~4일 주기로 잎 주변에 분무를 한다. 습도가 낮으면 잎 끝이 갈색으로 변하므로 잎 끝자락에 가볍게 분무하는 한편 적정습도를 유지 해준다.

2 너무 늘어지는 줄기와 상한 잎이 달린 줄기는 잘라가며 키운다.
3 화분 가득찬 아레카야자의 줄기.
4 새잎은 밝은 연둣빛을 띠면서 잎이 펼쳐진다.

기다란 줄기와 큰 잎이 멋스러워요
극락조화 STRELITZIA

● 　　　열대 지방으로 여행 온 듯한 실내 분위기를 연출하고 싶다면 극락조화를 추천해드립니다. 시원하게 뻗은 줄기에 바나나 나무 잎을 닮은 길쭉하고 커다란 잎이 이국적인 분위기를 내는 인테리어 식물이에요. 요즘 SNS 속 예쁜 집이나 카페에서도 쉽게 만날 수 있어요. 극락조를 연상시키는 화려한 꽃이 핀다고 해서 '극락조화'라고 불리는데 극락조화의 꽃은 정말 컬러풀한 새의 모습을 연상케 하죠. 꽃이 피는 종류와 피지 않는 종류가 있고, 넓거나 좁은 등 잎의 모습이 다양해 취향에 따라 데려오면 됩니다.

극락조화는 실내에서 키우기 쉬운 관엽식물 중 하나로 실내 환경에 무난히 적응하여 건강하게 자라 병충해가 드물고, 실내 습도가 낮은 환경에도 잎 끝이 마르는 약한 모습을 거의 보이지 않아요. 게다가 아주 어둡지 않다면 그늘진 장소에서도 잘 성장해서 함께하기 좋은 식물이에요. 화분 하나로도 큰 존재감을 보여주는 식물, 극락조화를 키우면서 꼭 기억해둬야 할 노하우가 궁금하지 않으신가요?

흔히 보는 종류	극락조화
추천 장소	거실 안쪽 창가, 거실 텔레비전 옆, 소파 테이블 옆

극 락 조 화 키 우 기

빛
BEST 반음지
WORST 빛이 거의 들지 않는 실내와 현관

극락조화는 반음지 환경에서 짙은 초록 잎 색이 잘 유지되고, 잎 끝이 상하지 않는다. 하루 1~2시간 빛이 드는 그늘진 장소에서도 무난하게 새잎이 나며 성장한다. 거실 창가에 두고 키우면 가장 좋다. 햇빛이 많이 든다면 차광하여 키운다.

온도
BEST 18~23℃
WORST 5℃ 이하

열대성 식물인 극락조화는 사계절 따뜻한 실내에서 관리하는 것이 가장 좋다. 어느 정도의 추위는 견디지만 겨울철 지속적으로 온도가 내려가는 장소는 피한다. 찬바람이 들거나 서늘한 장소에 두면 잎이 마르거나 색이 변한다.

물주기
BEST 봄, 여름 규칙적으로 물주기
WORST 뿌리가 젖은 상태

봄, 여름철에는 화분의 겉흙이 말랐을 때 듬뿍 물을 줘 어느 정도 습기를 유지시키고 흙이 완전히 마르지 않도록 한다. 가을과 겨울에는 2~3일 늦춰 물을 줘 건조하게 관리한다. 물이 부족하면 잎이 안쪽으로 말리므로 잎의 상태를 잘 체크해 물을 준다.

애 정 을 담 은 키 우 기

IDEA 1. 가끔씩 잎을 닦아준다
넓고 커다란 진초록색의 잎을 가진 극락조화는 잎 위에 이물질이나 먼지가 많이 쌓이므로 젖은 수건으로 가끔 닦아준다. 잎을 윤기 나게 관리하는데 도움이 된다.

IDEA 2. 잎의 변화에 대처한다
실내 습도의 변화에 민감하지 않지만 키우는 장소가 덥고 건조하면 곰팡이나 박테리아균으로 인해 잎 윗부분이 부분적으로 병든다. 특히 통풍이 잘 되지 않고 습도가 낮은 겨울철, 갑자기 이런 현상이 나타나므로 병든 잎은 바로 잘라낸다.

IDEA 3. 꽃을 보려면 세심하게 관리한다
극락조화 중 꽃이 피는 종류는 실제로 꽃을 보기 쉽지 않다. 꽃을 보기 위해서는 햇빛의 양이 충분해야 한다. 화분을 햇빛이 잘 드는 장소에서 관리하되 한여름에는 강한 햇빛을 피해 실외로 이동한다. 이렇게 환경을 맞춰주면 꽃이 피는 모습을 볼 수 있다.

1 극락조화는 쭉 뻗은 줄기와 커다란 잎이 특징적이다.
2 새잎은 돌돌 말려있다가 천천히 펴지는데 잎이 자연스럽게 찢어져 있다.
3 잎은 색이 진하고 넓으므로 젖은 수건을 이용해 주기적으로 닦는다.

따뜻하고 편안한 느낌을 주어요
고무나무 RUBBER TREE

● 고무나무는 실내에서 키우기 쉬운 식물로 한 그루만 두어도 멋스러워 늘 인기가 많아요. 종류별로 잎 모습이 달라 여러 종류를 키우는 분이 많지요. 대부분의 고무나무는 관리하기 수월하지만 잎 색이나 종류에 따라 선호하는 환경이 달라지기 때문에 우리 집에 적합한지 고려하세요. 실내에 어울리는 잎 모습과 색상, 식물의 전체적인 분위기를 살핀 뒤 키울 장소를 고려해서 데려오면 애정을 가지고 오래 함께 할 수 있을 거예요.

고무나무 중에서 실내에 두었을 때 가장 따뜻하고 편안한 느낌을 주는 종류를 추천한다면 떡갈잎고무나무가 아닐까 싶어요. 거실 소파나 창가 옆에 서 있는 떡갈잎고무나무는 진한 초록색의 윤기 나는 커다란 잎들 때문인지 실내 분위기를 한층 안정적으로 만들어주죠. 우아하면서도 듬직해 손꼽히는 그린 인테리어 식물이랍니다.

각각의 고무나무의 특징이 있어요. 떡갈잎고무나무가 고전적인 멋이 있다면 무늬뱅갈고무나무는 세련되고 모던한 느낌이 들어 찾는 이가 많아요. 인도고무나무와 멜라닌고무나무는 반짝 윤기 나는 짙은 초록 잎이 특징적이에요. 마지막으로 벤자민스타라이트는 연둣빛 잎 위에 초록색 무늬가 탐나는 식물로 화사한 분위기를 낼 수 있어요.

1 작은 잎이 풍성하고 화사한 느낌을 주는 벤자민스타라이트(칼라벤자민).

흔히 보는 종류	인도, 멜라닌, 뱅갈, 무늬뱅갈, 벤자민, 벤자민스타라이트, 떡갈잎, 수채화
추천 장소	거실 창가 앞, 거실 소파, 텔레비전장 옆

고무나무 키우기

빛

BEST   반음지
WORST   빛의 양이 너무 적은 실내 안쪽

고무나무는 아침 햇살이 드는 동향에서 가장 잘 자란다. 하루 종일 햇빛이 드는 장소보다는 커튼 너머로 드는 은은한 햇살을 선호한다.
잎 색이 진한 고무나무(인도, 벤자민, 떡갈잎)는 조금 그늘진 곳에서 관리해도 괜찮지만, 한여름철 강한 햇빛을 받으면 잎이 탈 수 있으니 주의한다. 반대로 잎 색이 밝은 고무나무(무늬뱅갈, 무늬벤자민, 수채화)는 빛이 부족하면 잎의 무늬가 흐려지거나 윤기가 사라지므로 진한 잎 색을 가진 고무나무보다 밝은 환경에서 키운다.

온도

BEST   15~28℃
WORST   10℃ 이하

열대성 관엽식물인 고무나무는 한여름철 고온의 환경에는 잘 견디지만 한겨울 추위에는 약하다. 겨울철에는 반드시 실내에서 키우고 찬바람이 드는 베란다나 현관 쪽은 피한다. 불가피하게 적정 관리온도보다 낮은 온도에서 월동할 경우 평소보다 최대 5일 물주기를 늦춰 흙을 건조하게 관리하면서 추위에 적응할 수 있게 돕는다.

물주기

BEST   화분의 겉흙이 말랐을 때 듬뿍 물주기
WORST   과습

고무나무 종류는 대체로 건조한 흙을 잘 견딘다. 그러나 규칙적으로 물을 주었을 때 건강하게 성장한다. 봄부터 가을까지는 화분의 겉흙이 마르고 흙 안쪽에 손가락을 넣었을 때 물기가 느껴지지 않으면 바로 물을 준다. 겨울철에는 2~3일 더 늦춰서 물을 준다. 과습 시 잎이 노랗게 변하면서 떨어진다. 반대로 흙이 너무 건조해도 잎이 쉽게 떨어진다.

애 정 을   담 은   키 우 기

IDEA 1. 공중습도를 높여 겨울을 난다
겨울철에는 물주는 시기는 늦추되, 2~3일에 한 번씩 잎에 분무해 공중습도를 높여야 잎 끝이 마르지 않는다. 특히 건조하고 바람이 잘 통하지 않는 실내에서 병충해가 생기므로 주변의 습도를 높여줘 건강하게 겨울을 날 수 있도록 도와준다.

IDEA 2. 주기적으로 잎을 닦아준다
잎이 넓고 색이 진하며 윤기가 나는 고무나무(떡갈잎, 인도)는 젖은 수건으로 1~2주일에 한 번 잎을 닦아주어 잎을 깨끗하고 선명하게 관리한다. 젖은 수건에 코코넛오일을 1~2방울 떨어뜨려 닦아주면 잎이 더 윤기 나고 반짝인다.

IDEA 3. 한 자리에서 키운다
작고 많은 잎을 가득 단 벤자민고무나무나 밝은 잎에 무늬가 있는 벤자민스타라이트는 다른 종류에 비해서 환경 변화에 예민하게 반응한다. 특히 자주 화분의 자리를 이동하면 스트레스를 받아 잎이 우수수 떨어진다. 화원에서 화분을 데려왔을 때 분갈이한 뒤에는 한 곳에 자리잡고 키운다. 처음에는 잎을 조금씩 떨구면서 몸살을 앓지만, 새로운 환경에 적응을 하면서 점차 나아지니 크게 걱정하지 않는다.

2 떡갈잎고무나무 가지를 자르면 흰색 유액이 흘러나온다.
3 떡갈잎고무나무는 위쪽 줄기를 잘라주어야 키가 위로만 크지 않는다.
4 밝은색 무늬가 예쁜 무늬뱅갈고무나무.

혼자 있을 때 더 빛을 발해요
올리브나무 OLIVE TREE

● 　　일본 여행을 갔을 때 길가 곳곳 커다란 화분에 심겨진 올리브나무가 참 인상적이어서 집에 돌아오면 나도 꼭 키워봐야겠다고 생각했던 기억이 나요. 올리브나무는 사실 올리브 열매 수확의 목적을 위해서 키우지요. 하지만 작고 좁은 잎 모양에 은빛이 도는 초록잎이 예뻐 그 자체로도 감상 가치가 있어요. 올리브나무를 심은 화분을 실내에 두면 뭔가 세련되면서도 스타일리시한 느낌이 든다고 할까요. 올리브나무는 다른 식물과 함께 있을 때 조화롭기보다는 혼자 있을 때 더 빛을 발하는 식물이에요.

처음 올리브나무를 데려왔다면 실내에서 키우기 어렵다고 느낄 수도 있어요. 온종일 햇빛이 들고 바람이 통하는 장소에서 잘 성장한다고 생각하기 때문이에요. 하지만 이 조건은 꽃과 열매를 보기 위한 최적의 환경이므로 크게 부담을 느끼지 않아도 되어요. 은은한 빛이 드는 실내 창가 앞이나 베란다에서도 건강하고 무난하게 함께할 수 있어요. 실내에서도 올리브나무의 매력적인 잎을 감상할 수 있도록 튼튼하게 키우는 방법을 귀띔해 드릴게요.

흔히 보는 종류　　올리브나무
추천 장소　　통풍이 잘 되는 테라스, 화단, 베란다, 창가

올리브나무 키우기

빛
BEST 양지
WORST 햇빛 없는 그늘진 곳

올리브나무는 햇빛이 풍부한 장소를 선호하는 식물로 하루 6시간 이상 햇빛이 드는 곳에서 잘 성장한다. 강한 햇빛 아래서도 잘 견디므로 봄여름에는 실외에 화분을 두고 키운다. 하지만 반음지나 간접광에서도 잘 자라 잎을 감상하며 키우기는 나쁘지 않다(단 꽃과 열매를 보기 위해서는 햇빛이 잘 드는 장소에서 관리한다).

온도
BEST 13~25℃
WORST 0℃ 이하

따뜻한 곳을 선호하지만, 추위도 잘 견디는 편이다. 밤낮 온도차가 나는 환경을 좋아하고, 겨울철에는 내내 따뜻하고 건조한 실내보다 조금 선선한 장소에서 키운다. 낮 22~25℃, 밤 10℃ 전후면 적당하다.

물주기
BEST 화분의 겉흙이 말랐을 때 듬뿍 물주기
WORST 늘 젖어 있는 흙

올리브나무는 반드시 규칙적으로 물을 준다. 봄부터 초가을까지는 겉흙이 마르면 듬뿍 물을 주고, 겨울에는 2~3일 물주는 시기를 늦춰가면서 흙을 건조하게 관리한다(특히 겨울철 과습에 주의한다). 흙의 건조함은 잘 견디지만 물주는 시기가 너무 늦어지면 새잎이 마르거나 기존의 잎이 안쪽으로 말린다. 햇빛이 많이 드는 장소에서 관리할 때는 여름철에는 흙이 지나치게 건조해지지 않도록 좀 더 신경 써서 물을 준다.

애 정 을   담 은   키 우 기

IDEA 1. 습도가 낮아지지 않게 관리한다
올리브나무는 습도에 예민하지 않다. 잎에 직접 분무를 해서 높은 습도를 유지해야 할 필요는 없다. 그러나 겨울철 실내에서 관리할 때 통풍이 원활하지 않고 습도가 낮으면 진딧물이나 깍지벌레 등이 생길 수 있다. 키우는 장소의 습도가 너무 낮다면 식물 주변으로 가끔 가볍게 분무한다.

IDEA 2. 밤낮 온도차가 나야 꽃이 핀다
올리브나무를 키우면서 꽃이 피고 열매를 맺는 모습을 보고 싶다면 사시사철 따뜻한 실내에 화분을 두고 키우기보다는 낮동안 햇빛의 양이 많고, 겨울철 밤 온도가 7~10℃인 서늘한 장소에서 관리하자. 꽃과 열매를 맺는데 도움이 된다.

IDEA 3. 비료를 준다
봄, 가을에 한 번씩 관엽식물용 비료를 준다. 휴면기인 겨울철에는 비료를 주지 않는다. 비료를 주면 꽃을 피우는데 힘이 된다.

사계절 다른 매력을 뽐내요
남천 NANDINA

● 　　대나무처럼 곧은 줄기에 자잘한 초록색 잎이 가득 달린 남천은 오랫동안 사랑받아온 식물 중 하나예요. 특유의 편안한 느낌 때문인지 실내 공간을 고즈넉하게 만들어줍니다.

남천은 사계절 다양한 모습으로 즐길 수 있는 식물이에요. 봄이 되면 마른 가지에 새잎이 올라오고 여름이면 초록색 잎이 가득해지죠. 초여름에는 작은 흰색 꽃이 피고 꽃이 진 뒤 맺는 열매는 점점 붉은색으로 변합니다. 단풍 든 이파리와 더불어 붉은 열매는 아주 멋진 모습을 보여줘요. 계절에 따라 변해가는 남천만큼 다채로운 모습을 선사하는 식물이 또 있을까 싶을 정도예요.

게다가 생명력도 강해서 한번 데려와 키우면 웬만해서는 이별하는 일이 드문 식물이기도 하죠. 조경수나 정원수로 많이 활용되어 우리에게 더 익숙한 남천은 키 큰 것과 중간 크기, 작은 크기의 화분으로 다양하게 만날 수 있답니다.

흔히 보는 종류　　남천
추천 장소　　베란다, 거실 창가 앞

남 천 키 우 기

빛
    BEST 반음지, 양지
    WORST 음지

햇빛이 잘 드는 곳부터 음지까지 비교적 잘 자란다. 이렇듯 키우는 장소의 범위가 넓지만, 더 튼튼하고 멋지게 키우려면 햇빛이 잘 들어오는 장소가 좋다. 집 안에서 햇빛의 양이 많은 베란다나 확장형 거실이라면 창가 앞쪽이 적당하다. 빛이 풍부한 장소에서 키울 때 가지가 더 튼튼하고 잎도 가득한 건강한 모습을 보인다. 꽃이 피고 열매가 맺을 뿐 아니라 가을 겨울동안 물들어가는 잎을 감상할 수 있다. 반대로 오랫동안 빛이 적은 장소에서 관리하면 가지가 약하거나 잎 색이 진한 초록색을 띤다.

온도
    BEST 13~25℃
    WORST 0℃ 이하

온도가 높지 않고 바람이 잘 통하는 시원한 장소에서 관리한다. 노지에 심으면 겨울을 무난하게 날 정도로 추위에 강하지만 작은 화분에 심은 경우 뿌리가 얼 수 있다. 0℃ 이상의 베란다에서 월동 시 잎을 떨구지만 봄이 되면 새잎이 나고 다시 성장하므로 크게 걱정하지 않아도 된다.

물주기
    BEST 화분의 겉흙이 말랐을 때 듬뿍 물주기
    WORST 늘 건조한 흙

물을 좋아하는 식물이다. 화분에 심었을 때는 규칙적으로 물을 줘야 물 마름 현상으로 죽는 것을 방지할 수 있다. 평상시 화분의 겉흙이 말랐을 때 바로 물을 흠뻑 주고, 겨울철에는 2~3일 더 늦춰가며 물을 준다. 흙을 너무 건조하게 관리하면 잎을 많이 떨군다.

애 정 을   담 은   키 우 기

IDEA 1. 균형있게 가지치기한다
층층이 뻗은 가지에 잎이 많이 달려 어느 정도 가지치기를 해줘야 한다. 잎이 무성하거나 가지가 많을 때, 좌우 균형이 맞지 않을 때는 양쪽 균형을 잡아 가지치기한다. 줄기 밑쪽에 잔가지와 잎이 가득하면 적당히 정리해 밑쪽 줄기를 드러내야 깔끔하다.

IDEA 2. 가을철에는 서늘하게 키운다
사계절 내내 따뜻한 곳에서 키우면 가을과 겨울철 잎이 예쁘게 물들지 않는다. 늘 초록색 잎만 가득한 남천을 보지 않으려면 일교차가 생기는 가을철 밤에는 서늘한 베란다나 창가 앞쪽으로 화분을 옮겨준다.

IDEA 3. 열매보다는 삽목으로 번식한다
남천은 삽목으로 쉽게 번식할 수 있다. 봄과 초여름 사이 튼튼한 가지를 잘라 가지치기한다. 마사토를 많이 섞은 흙에 가지치기한 가지를 심어 부지런히 물을 주면 새잎이 올라온다. 보통 자른 가지를 물꽂이 한 후 뿌리가 내리면 흙으로 옮겨 번식하지만 남천은 바로 흙에 심어도 번식 성공률이 높다. 삽목 외에 열매로 번식하기도 한다. 이때는 열매를 따서 수분을 제거한 뒤 흙에 심는데 삽목보다 시간이 더 오래 걸린다.

1 가을이 되면서 초록색 열매가 붉게 변하고 겨울까지 달려있다.
2 가지와 잎이 무성하게 성장하므로 봄여름 색이 변한 잎이나 길어진 줄기는 가지치기 한다.

크리스마스 시즌에 더 빛을 내는 식물이에요

아라우카리아 ARAUCARIA

● 호주가 원산지인 아라우카리아는 삼나무와 잎이 닮았다고 해서 '호주삼나무'라고도 불려요. 아라우카리아는 다른 어떤 계절보다도 겨울철 실내 식물로 인기가 많아요. 가지와 잎이 수평으로 층을 이루어 오너먼트 등으로 크리스마스 장식을 해 감상하기 좋아요. 그래서인지 요즘은 조화 나무 대신 아라우카리아를 크리스마스트리로 활용하는 분이 많습니다.

질감이 보드라운 아라우카리아의 진한 초록색 잎은 겨울철 실내에 따뜻한 기운을 더해줘요. 하지만 겨울에 잘 어울리는 나무라는 이유 때문에 아쉽게도 봄이 되면 버려지거나 방치되기도 해요. 수평으로 자라는 특징이 있어 다소 공간을 차지하지만, 아라우카리아는 어떤 나무보다 관리하기 편하고 사계절 내내 초록잎을 보여줘 멋지답니다. 게다가 공기정화 기능을 톡톡히 해내는 고마운 나무기도 하죠. 특히 새집증후군의 주요 원인 물질인 포름알데히드 제거 능력이 뛰어나서 실내의 공기를 맑게 만드는데 도움을 줍니다. 그린 인테리어 효과와 함께 겨울철이면 더 예쁜 모습으로 함께할 식물, 아라우카리아 잘 키우는 방법을 알려 드릴게요!

1 수평으로 성장하는 아라우카리아. 잎 끝에서 연둣빛 새잎이 자란다.

흔히 보는 종류	아라우카리아 헤테로필라
추천 장소	햇빛 좋은 베란다, 거실 창가

아라우카리아 키우기

빛

BEST   반음지(동향)
WORST   음지

빛이 많이 드는 곳에서 잘 자라지만 다소 그늘진 장소에서 키워도 적응하면서 성장한다. 아침나절 햇빛이 드는 동향이나 남향에서 키우면 좋고, 한여름철 강한 햇빛은 피해서 관리한다. 실내 반그늘 환경이면 어디라도 무난하게 성장한다. 빛이 부족한 장소에서 오랫동안 관리하면 잎의 윤기가 사라지거나, 아래쪽 잎이 갈색으로 변해서 떨어지므로 이런 현상이 생기면 밝은 장소로 화분을 옮긴다.

온도

BEST   15~23℃
WORST   5℃ 이하

너무 온도가 높거나 건조한 장소에서는 싱싱한 잎을 보여주기 힘들다. 햇빛이 강하고 고온건조한 한여름에는 잎이 마른다. 반대로 온도가 너무 내려가는 장소에서 관리하면 잎이 상하므로 겨울철에는 실내에 둔다. 추위에 잘 견디지만 실외 월동은 불가능하다. 최저 5℃를 유지하면서 찬바람 들지 않는 실내 베란다나 창가에 두고 겨울을 난다.

물주기

BEST   여름철(규칙적 관수), 겨울철(건조하게 관리)
WORST   늘 건조한 흙, 과습

아라우카리아는 흙의 건조함에 비교적 강하다. 여름철에는 화분의 겉흙이 말랐을 때 물주기를 해주고, 흙이 마른 상태가 지속되지 않도록 규칙적으로 물을 준다. 겨울철에는 화분의 흙이 속까지 전체적으로 말랐는지를 확인하여 물을 준다. 흙이 마르면 아라우카리아의 수평으로 펼쳐진 잎이 살짝 아래로 힘없이 늘어진다. 이때를 기점으로 물주기를 한다. 과습되면 잎이 노랗게 변하므로 흙이 너무 젖어 있지 않은지 체크한다.

애 정 을   담 은   키 우 기

IDEA 1. 시든 가지와 잎을 정리한다
전체적으로 층을 이룬 식물이므로 통풍과 햇빛이 부족하면 맨 아래쪽 잎이 갈색으로 곳곳이 변한다. 성장하면서 자연스러운 현상이므로 시든 가지와 잎은 잘라준다.

IDEA 2. 잎 주변을 분무한다
습도가 높은 환경을 선호하니 가끔씩 잎 주변으로 분무해 잎을 싱싱하게 유지한다. 특히 겨울철 따뜻하고 건조한 실내에서 관리 시 2~3일에 한 번 전체적으로 가볍게 분무한다.

IDEA 3. 지지대를 세워준다
성장하면서 가지가 곧게 서도록 지지대를 세워 전체적으로 휘거나 흔들리지 않도록 해준다. 가지가 두껍고 잎도 무성하므로 지지대는 줄기만큼 튼튼한 것으로 선택한다.

2 아라우카리아의 가지를 따라 달린 짙은 초록색 잎.

공간에
힘을 주는 식물

플랜테리어를 완성하세요

요즘 멋진 식물로 공간에 힘 준 카페를 흔하게 볼 수 있어요. 예전에는 개업식 때 선물로 들어온 화분을 문 앞에 두어 자연스럽게 인테리어 효과를 내곤 했지만, 요즘은 카페 분위기와 어울리는 식물을 취향에 맞게 골라 개성 가득한 공간을 연출하죠. 가드닝 카페로 착각할 만큼 크고 작은 식물을 공간 가득 채운 곳이 있는가 하면 키 큰 식물 몇 그루로 공간에 포인트를 준 곳도 있죠.

별다른 장식 없이 키가 큰 싱그러운 식물을 둔 공간은 따뜻하고 편안한 느낌이 들어요. 이렇듯 어린이 키보다 큰 관엽식물은 실내 공간에 큰 힘을 줍니다. 큼직하고 시원해보여 실내에서 차지하는 존재감이 크기 때문에 화분도 신중하게 고르세요. 시멘트, 토분은 물론 바구니, 철제 박스 등 식물과 공간이 어울리는지 확인하세요. 수형이 아름답거나 잎이 가득 차 싱그러운 식물을 들여 우리 집 인테리어를 완성해보세요.

충분히 고민한 뒤 키우세요

키 큰 식물(중형·대형)은 작은 화분을 실내에 들일 때보다 고려할 점이 많아요. 아무래도 몸집이 크다 보니 쉽게 자리를 옮기기 어렵죠. 또 관리를 잘못해 잎이 시들거나 죽으면 뒤처리 또한 쉽지 않아요. 우리 집 공간과 식물이 살 공간을 매치해야 서로 스트레스를 줄일 수 있어요. 작은 공간이라도 식물을 위해 비우고 식물이 아름다울 수 있도록 위치를 잡아 봐요. 식물을 둘 공간을 먼저 생각한 뒤 식물의 종류와 크기를 결정하길 추천 드려요. 또한 실내 환경에 예민하지 않아 오래 키울 만한 식물은 선택하는 것이 중요해요. 대부분 베란다나 거실에 둘 텐데 베란다에 키 큰 식물을 둘 경우 겨울철 월동할 수 있는지 여름철 강한 햇빛이 들 때도 잎이 상하지 않는지 알아보세요. 남천이나 올리브나무는 영하로 내려가지 않는 실내 베란다에서 월동해 계절에 따라 장소를 옮기지 않아도 내내 좋은 모습으로 함께할 수 있답니다.

실내 분위기와 어울리는 식물을 골라요

키 큰 식물을 들일 때는 실내 벽지나 가구 색 등을 고려해 전체적인 집안 분위기와 어울릴만한지 살펴요. 카페에서 흔히 볼 수 있는 대형 야자나 극락조화는 넓은 공간은 상관없지만 성장하면서 잎이 옆으로 퍼지고 늘어지기 때문에 텔레비전 장이나 소파 옆에 두면 방해가 되죠. 드라세나 종류 식물이나 떡갈고무나무는 성장해도 원래 모습을 유지하기 때문에 좁은 공간에도 문제없습니다. 크고 작은 식물들이 공간 속에서 어우러진 모습이 가장 이상적이지만 군더더기 없이 식물 하나로 존재감을 느끼고 싶다면 키 큰 식물과 함께하세요.

Part. 6

식물을 디자인하다

특별한 날 꽃바구니를 선물하듯 푸른 관엽식물로 소박한 꾸밈을 해보면 어떨까요? 이끼를 소재로 만든 테라리움, 어디에 두어도 싱그러운 수경재배 화분, 크리스마스 센터피스까지… 두근두근 떨리는 손으로 디자인 화분을 만들어보세요. 감성을 오롯이 담아 세상에 단 하나뿐인 화분을 완성하세요.

Planterior

모아 심기

좋아하는 식물을 몇 가지 골라 한 화분에 심어보세요. 한가지 식물만 심을 때와는 또 다른 매력을 느낄 수 있답니다. 돌과 이끼를 더하면 여러 식물과 자연스럽게 어우러져 나만의 작은 정원이 만들어져요.

식물 선택법

같은 과의 식물을 모아 심어야 관리하기 편하다. 종류가 다를 때는 관리 환경이 비슷한 식물을 선택한다.

재료

좀마삭줄
생이끼
화산석
흙(분갈이용 배합흙)
화분

만드는 법

① 화분에 깔망을 깔아 배수 구멍을 막아준다.
② 난석으로 배수층을 만든다. 분갈이용 흙과 마사토를 3:1로 섞어 좀마삭줄을 심을 높이만큼 덮는다.
③ 좀마삭줄을 플라스틱 화분에서 분리한 뒤 아래쪽 잔뿌리를 1/3 가량 가위로 자른다.
④ 준비해 둔 화산석을 ②의 군데군데 놓은 뒤 그 사이로 좀마삭줄을 배치해 심어준다.
⑤ 화산석과 좀마삭줄 사이를 생이끼로 덮어가며 심는다.

관엽식물 테라리움

조금 색다른 모습으로 식물을 꾸미고 싶을 때 적용하면 좋은 테라리움 화분이에요. 투명한 유리를 통해 식물의 싱그러움이 전해져 선반이나 테이블 위에 두면 잘 어울려요. 테라리움 환경에 어울리는 식물을 고르면 물 관리하기 쉬워 초보자도 어려움 없이 키울 수 있어요.

식물 선택법

배수 구멍이 없는 유리 화분에 키우므로 습한 환경을 좋아하는 고사리과 식물이 적합하다. 성장이 빠르지 않고 뿌리가 깊지 않은 식물을 선택한다.

재료

콩짜개덩굴
흙(분갈이용 배합흙)
생이끼
화산석
난석
마사토
유리 화분

만드는 법

① 유리 화분에 난석을 깔아 배수층을 만든다.
② ① 위로 흙을 넣어 콩짜개덩굴을 심을 높이만큼 맞춘다. 이때 난석 밑으로 흙이 많이 섞이지 않도록 주의한다.
③ ② 위에 화산석을 간격을 두며 배치한다.
④ 배치한 화산석 사이사이에 콩짜개덩굴을 심는다.
⑤ 바깥에서 봐도 마사토 층이 구분되도록 화산석과 콩짜개덩굴 사이로 마사토를 한 층 깐다.
⑥ 생이끼를 적당한 크기로 잘라 콩짜개덩굴과 화산석 사이에 채운다. 이때 생이끼를 눌러 고정하지 않고 살짝 얹어 마무리한다.

수경 화분

유리 화분 속에서 여러 초록 식물이 어우러진 모습이 참 멋스러워요. 수경 화분은 관리하기 편하며 사계절 내내 청량한 모습을 보여줍니다. 공간을 시원하게 만들뿐 아니라 수분을 발산하여 가습 효과도 뛰어나요.

돌 선택법

맥반석이 아니더라도 물 속에서 식물의 뿌리를 고정해줄 수 있는 자갈이면 괜찮다.

재료

스파트필름
싱고니움
스킨답서스
테이블야자
맥반석
유리 화분

만드는 법

① 플라스틱 화분에서 식물을 꺼내 나무막대기로 뿌리에 붙은 흙을 모두 털어낸다. 뿌리가 다치지 않도록 뿌리 사이사이의 흙을 조심스럽게 턴다.
② 물을 받아 ①의 뿌리를 담그고 살살 흔들어 남은 흙을 제거한다.
③ 뿌리의 흙과 잔뿌리는 최대한 깨끗하게 제거한다. 흙이 붙어있는 채로 물에 담그면 시간이 지나면서 뿌리가 상해 썩는다.
④ 유리 화분에 맥반석과 식물을 넣어 자리를 잡는다.
⑤ 위치와 방향, 균형을 고려하면서 맥반석과 식물을 하나씩 유리 화분 속에 고정한다.
⑥ 화분 속에 모두 식물을 고정한 다음 뿌리가 다 잠길 정도로 물을 붓는다.

이끼 화분

다른 식물 곁에서 주로 조연 역할을 하는 이끼를 주인공 삼아 독특한 그린 인테리어를 완성해보세요. 비단이끼는 작은 산봉우리같이 도톰해 단순한 화분을 만들기 좋아요. 그늘진 장소에서 잘 자라고 물기를 많이 머금고 있기 때문에 실내를 적정습도로 유지하는데 톡톡히 제 몫을 한답니다.

비단이끼 관리법

비단이끼 속까지 흠뻑 젖도록 이끼 위에서 물준다. 비단이끼 위를 손가락으로 살짝 눌러 물기가 묻어나와야 충분하게 물을 준 것이다.

재료

비단이끼
흙(분갈이용 배합흙)
난석
화분

만드는 법

① 화분 아래쪽으로 난석을 두껍게 깔아서 배수층을 만든다. 배수 구멍이 없다면 배수층은 생략한다.
② ① 위에 가득 흙을 담는다.
③ 화분 모양에 맞춰서 비단이끼를 하나씩 넣는다. 최대한 비단이끼의 봉긋한 모양을 살려가며 배치한다.
④ 흙 위에 이끼가 고정되도록 이끼 테두리를 겉흙 안쪽으로 넣고 살짝 눌러 심는다.

크리스마스 센터피스

매해 크리스마스 시즌이면 크고 작은 트리로 연말 분위기가 한층 고조되죠. 반짝이는 트리도 예쁘지만 겨우내 실내를 따뜻하게 만들어줄 작은 센터피스는 어떠세요? 겨울에 어울리는 소재와 초록의 다육식물을 활용해 취향을 담아보세요.

천연 이끼 활용법

북유럽에서 자생하는 천연 이끼에 색을 입혀 유통되는 스칸디아모스는 종류와 색이 다양하다. 디자인 화분을 만들 때 장식으로 활용한다. 또한 이끼는 습도를 체크하는 지표 역할을 한다.

재료

다육식물
난석
스칸디아모스
(천연 이끼 3종류)
목화솜꽃
솔방울
오리목
망개나무열매
브루니아
바구니 화분

만드는 법

① 바구니 화분에 난석을 넣어 배수층을 만든 뒤 식물과 소재를 넣을 수 있도록 높이를 맞춰 흙을 채운다.
② 플라스틱 화분에서 다육식물을 분리해 흙을 턴 뒤 ①에 심는다.
③ 다육식물을 중심으로 목화솜꽃, 솔방울 등 부피가 큰 소재를 배치한다.
④ 나머지 겨울 소재를 ③의 식물과 소재 사이로 넣어 공간이 허전하지 않도록 채운다.
⑤ 스칸디아모스를 적당하게 잘라 화분 가장자리를 따라 빈 공간을 메꾼다.

Part. 7

공간 속에 식물을 들이다

지금까지 어떤 식물이 있는지 알아보고 관리법을 익혔습니다. 내가 사는 공간 혹은 우리 가족이 함께하는 공간에 들이고 싶은 식물을 어느 정도 정하셨나요? 이제 집이라는 공간을 세부적으로 나누어 각각의 공간 특성에 맞는 식물을 골라 볼 차례예요. 집을 거실, 침실, 욕실, 주방, 현관의 공간으로 구분해서 좀 더 구체적으로 식물 고르기에 도움이 될 팁을 알려 드릴게요.

Planterior

거실

집의 첫인상을 결정하는 공간인 거실에 식물을 두어 아늑한 분위기를 연출하세요. 가족이 가장 많은 시간을 보내는 공간인 만큼 식물의 푸름이 편안함을 주는 그린 인테리어 효과를 얻을 수 있어요. 더욱이 공기정화 기능이 뛰어난 식물을 고른다면 일석이조겠지요.

우리 집 공간과 어울리는 식물을 고른 뒤, 거실의 분위기를 고려해 화분의 종류나 색상을 선택해 주세요.

관엽식물을 리드미컬하게 배치한다

거실에서 일반적으로 화분을 배치하는 공간은 큰 창가 앞쪽이나 소파, 텔레비전장 위쪽이다. 중형 화분 하나를 기준으로 삼아 크고 작은 화분을 리드미컬하게 배치하면 단조롭지 않고 편안한 분위기가 완성된다.

추천 식물 고무나무 종류, 드라세나 종류, 몬스테라, 마삭줄 종류

큰 화분 하나로 포인트를 준다

공간이 여의치 않아 여러 개의 식물을 두고 키우기가 어렵다면 존재감이 느껴지는 식물 하나로 포인트를 준다. 공간 분위기에 잘 어울리는 중형 화분 하나를 골라 소파나 텔레비전장 옆에 둔다. 이때는 선이 굵거나 잎이 많은 식물을 선택해야 허전하지 않을 뿐 아니라 자연스러운 인테리어 효과가 난다.

추천 식물 드라세나(드라코), 아레카야자, 극락조화, 올리브나무, 고무나무(뱅갈, 떡갈잎)

사이드 공간에 두는 식물은 가구색과 매치한다

방과 방을 연결하는 자투리 공간이나 거실과 주방을 연결하는 공간에 화분을 적절히 배치해보자. 이때는 좁은 공간을 최대한 활용해 어울리는 식물을 두어 인테리어 효과를 높인다. 크기가 너무 크지 않고 잎이 지나치게 늘어지지 않는 종류를 고른다.

추천 식물 행잉식물(립살리스), 은빛 그라스, 아글라오네마, 디펜바키아

침실

상쾌한 아침을 시작하고 하루의 고단함을 내려놓는 침실은 집에서 가장 긴 시간을 머무는 매우 중요한 공간이에요. 침실이 좁거나 빛이 충분하지 않아서 화분을 두지 못할 수도 있지만, 환경이 허락된다면 편안한 수면에 도움이 되고 잠자리를 기분 좋게 만들어 주는 식물과 함께해 보세요.

좁은 침실이라면 화분의 크기를 먼저 고려해 주세요. 침실의 역할에 맞도록 화려한 색의 꽃보다는 은은한 색감의 꽃이나 편안한 느낌을 주는 관엽식물을 추천합니다.

라인이 부드러운 식물을 배치한다

침대 양옆이나 코너 쪽에 스툴이나 식물 스탠드를 활용해 화분을 배치한다. 음이온을 배출하여 공기정화 능력이 뛰어난 스투키나 색감이 은은하고 식물의 선이 아름다운 호접란을 선택한다.

추천 식물 미니 호접란, 페페로미아, 필로덴드론(셀로움)

이끼 테라리움 화분으로 가습 효과를 낸다

침실에 빛이 부족하다거나 화분을 놓을 자리가 여의치 않다면 선반 위에 이끼 테라리움을 두자. 늘 푸른 이끼는 작은 숲 같은 풍경을 연출 해준다. 가습 효과가 있고 눈을 편안하게 해주어 침실에 잘 어울린다. 이끼는 빛이 부족한 환경에서도 잘 자라며 물 주기만 규칙적으로 해주면 관리가 어렵지 않다.

추천 식물 이끼 테라리움, 고사리과(폴카타고사리, 보스턴고사리), 미니 다육식물, 미니 선인장

공기정화 식물을 둔다

침실은 하루 중 가장 편안하게 쉬는 공간이다. 음이온을 배출해 주는 스투키를 선반 위에 두거나 공기정화 능력이 뛰어난 아레카야자를 두어 심신의 안정을 얻는다.

추천 식물 스투키, 몬스테라, 아레카야자, 스파트필름

BATH ROOM

욕실

한국의 욕실 대부분은 해가 들지 않고 습도가 높은 편이죠. 그렇기 때문에 욕실 환경에서도 싱그러움을 잃지 않고 잘 자라는 식물을 골라줘야 해요. 물이 많은 공간이니 흙 없이 물에 꽂아 키우는 수경재배 식물도 잘 어울려요.

자투리 공간에 키 작은 관엽식물을 둔다

세면대 선반이나 욕조 위 등 좁은 공간에는 단순한 멋의 관엽식물을 골라 소소한 인테리어 효과를 내보자. 화분 역시 너무 크지 않은 것이 좋다. 습도가 높은 환경에서 잘 자라는 고사리과는 잎 모양이 단순하면서도 색이 아름다워 욕실에 잘 어울린다.

추천 식물 고사리과(파초일엽, 더피, 프테리스), 칼라데아

수경재배 식물을 키운다

화분을 둘 공간과 햇빛이 부족하다면 공간 차지를 많이 하지 않으면서도 음지에 강한 식물을 골라 수경재배로 키우기를 추천한다. 욕실의 암모니아 냄새를 제거하는 효과가 뛰어나거나 그늘진 곳에서도 잘 성장하는 식물을 선택한다.

추천 식물 스킨답서스, 싱고니움, 테이블야자

주방

요리하기 위해 여러 가지 도구가 복잡하게 놓여있는 동시에 조리 냄새가 날 수밖에 없는 공간이에요. 주방 도구와 함께 배치할 수 있는 식물을 골라 작은 화분에 담아 부담 없이 키워 보세요. 조리 과정에서 발생하는 일산화탄소를 정화하는 효과를 기대할 수 있어요.

키친가드닝을 한다

요리하면서 바로 활용할 수 있는 허브 종류를 키워보자. 허브 화분을 여러 개 나란히 두어 주방에 산뜻한 향기와 함께 인테리어 효과를 낸다. 단, 허브는 창이 있는 밝은 음지에서 잘 자라므로 환경을 고려해서 키우길 추천한다.

추천 식물 민트 허브 종류(스피아민트, 애플민트, 파인애플민트)

일산화탄소 제거 효과가 있는 식물을 키운다

주방은 가스 사용이 많아 유해가스인 일산화탄소가 발생한다. 반음지나 빛이 적은 곳에서도 잘 자라고 일산화탄소 제거 능력이 있는 식물을 선택하면 공기정화 효과도 볼 수 있다. 공간을 많이 차지하지 않는 작은 화분을 선택한다.

추천 식물 산호수, 미니 팔손이, 아이비, 스킨답서스

주방 곳곳 식물로 푸름을 들인다

공간이 허락한다면 주방 곳곳에 식물을 둔다. 선반 위에 자주 사용하는 주방용품과 화분을 두고 행잉식물로 멋스러움을 더한다. 가드닝 잡지 속 화보처럼 식물을 주방 여기저기에 자연스럽게 배치해 소소한 그린 인테리어를 완성한다.

추천 식물 리투사스파이더, 아이비, 행잉식물(립살리스, 디시디아)

ENTRANCE

현관

문을 열고 들어올 때 푸른 식물이 반겨준다면 오늘도 무사히 보내고 돌아왔다는 안도감이 느껴지며 포근한 기분이 들 거예요. 현관에 둘 식물을 고를 때는 반드시 공간에 드는 빛의 양을 고려해야 해요. 현관이 좁고 그늘졌다면 공간 차지가 많지 않고 일조량이 적어도 무난하게 성장하는 식물을 골라주세요.

벽 선반에 작은 화분을 배치한다

현관 입구 벽면으로 공간의 여유가 있다면 선반을 달아 작은 화분을 배치한다. 작은 선인장이나 행잉식물을 걸어 리드미컬하게 배치한다

추천 식물 미니 선인장, 필레아, 행잉식물(수염 틸란드시아, 립살리스), 프테리스

/ 카페에서 배워온 / 플랜테리어 /

식물학

식물을 알리는 콘셉트의 도심 속 카페. 몬스테라, 박쥐란, 행잉식물 등 비슷한 분위기의 식물을 통일감 있게 배치했다. 우드, 화이트로 미니멀하게 연출한 공간에 한 가지 종류의 식물을 나란히 배치하여 그리너리한 콘셉트를 완성했다.
@sikmulhak

한 가지 식물로 통일감을 준다

잎의 모양이 개성 있고 키우기 쉬운 몬스테라를 테이블 아래 나란히 두어 통일감을 주었다. 여러 종류의 식물을 관리하기 어려울 때는 한 가지 식물을 배치하는 것도 좋다. 같은 식물이라도 모습이 제각각이라 조금씩 다른 모습을 감상하는 즐거움이 크다.

추천 식물 몬스테라(델리시오사)

유리병에 꽂아 싱그러움을 더한다

번식하기는 식물 키우는 큰 즐거움 중 하나다. 길거나 무성한 몬스테라 줄기를 잘라 유리병에 물꽂이하여 싱그러움을 더했다. 테이블이나 주방 선반에 올려두고 뿌리 내리는 모습을 지켜보자.

추천 식물 몬스테라(델리시오사)

화분을 낮게 두어 시선을 낮춘다

보통 줄기가 늘어지는 식물은 높은 곳에 두고 키우는 경우가 많다. 발상을 전환해 화분을 바닥에 두어 식물을 다른 시선으로 즐기는 위트가 돋보인다. 지나치게 늘어지는 줄기는 잘라주거나 바닥에 잎이 끌리지 않게 정리하면서 관리한다.

추천 식물 시서스

공중식물로 작은 인테리어를 한다

흙에서 자라지 않고 뿌리를 내놓고 성장하는 행잉식물 틸란드시아는 공간의 제약 없이 실내에서 키우기 좋은 공기정화 식물 중 하나다. 유리 접시와 유리 행잉 화분에 식물을 담아 멋스럽게 연출했다. 식물 초보자에게도 추천할 만하다.

추천 식물 틸란드시아 이오난사

키 큰 식물 주변으로 화분을 둔다

키 큰 식물은 하나만으로 존재감을 주지만 공간에 따라 허전하게 느껴질 수 있다. 시원하게 높이 뻗은 식물 주위로 잎이 늘어지는 화분을 배치해 입체감과 볼륨감을 주었다.

추천 식물 아가베 아테누아타, 알로카시아, 보스턴고사리, 파초일엽

카페모

크고 작은 식물들이 공간 속에 조화롭게 자리 잡아 아늑하고 따뜻하다. 공간마다 다른 느낌의 식물과 화분을 두었지만 전체적으로 통일감이 느껴진다. 나만의 비밀 정원처럼 숨어들고 싶은 곳이다. @cafe_mo

잎이 늘어지는 식물은 의자에 올린다

보스턴고사리를 의자에 두어 전체적인 모습이 잘 드러나도록 배치했다. 이렇듯 잎이나 줄기가 늘어지는 화분은 의자나 선반에 올려 두고 키우면 더 보기 좋다. 다른 관엽식물 사이에서 작은 인테리어 효과를 낼 수 있다.

추천 식물 보스턴고사리

자투리 공간에 화분을 층층이 둔다

라탄 바구니에 선이 부드러운 식물을 두어 푸름을 더했다. 화분을 놓을 자리가 마땅치 않을 때는 자투리 공간과 인테리어 소품을 적극 활용해보자. 잎이나 줄기가 늘어지는 식물이나 무겁지 않은 화분을 층층이 두면 공간 차지 없이 여러 식물과 함께할 수 있다.

추천 식물 접란, 파초일엽

광합성 카페

카페 이름처럼 큰 창으로 자연광이 들어 도심 속 실내 정원을 연상케한다. 햇빛이 강한 창가에는 키 큰 관엽식물, 테이블 위에는 행잉식물, 계단에는 작은 식물을 층층이 두어 다양한 식물을 조화롭게 배치한 점이 눈에 띈다. @gwang_hab_sung

작은 화분을 모아 장식한다

미니 선인장, 다육식물 등 작은 화분을 여러 개 모아두어 실내 한쪽을 아기자기하게 장식했다. 큰 화분과는 다른 오밀조밀한 매력이 돋보인다.

추천 식물 미니 선인장, 다육식물(애심, 아악무, 부용)

잎이 풍성한 식물로 허전한 공간을 채운다

모양이 제각각인 식물이라도 크기를 맞추면 한층 정리되고 조화로워보인다. 인테리어 소품과 작은 화분 위로 잎이 풍성한 식물을 두어 존재감을 불어넣었다. 잎이 무성한 식물 하나만으로도 공간을 싱그럽게 만들어준다.

추천 식물 필로덴드론(셀로움)

행잉식물로 풍성함을 더한다

벽이나 선반에 거는 행잉식물을 조명과 함께 했을 때 더 멋스럽다. 실내 창가나 베란다 걸이대 화분에 행잉식물을 걸면 바닥 공간을 차지하지 않아 효율적으로 키울 수 있다. 단단한 줄기 없이 바닥을 기듯 자라는 석송을 거꾸로 매달아 특별한 분위기를 불어넣었다.

추천 식물 석송

리도 엘리펀트

오래된 여관 건물의 빈티지한 멋을 고스란히 살려 성수동의 핫플레이스로 자리 잡았다. 시멘트 재질로 화분을 통일하여 공간 속에서 여러 식물이 자연스럽게 어우러졌다. 중형 식물을 나란히 배치해 가벽처럼 공간을 분리한 모습이 인상적이다.

@redo_elephant

자투리 공간의 허전함을 메운다

소파 옆이나 소파와 소파 사이의 자투리 공간에 키 큰 식물을 두어 허전함을 없앴다. 소파 옆에 식물을 둘 때는 소파보다 키가 크고 잎이 지나치게 늘어지지 않는 종류를 고른다. 또한 화분은 가구 색상과 비슷한 톤으로 통일해 화분이 도드라지지 않도록 신경 쓴다.

추천 식물 드라세나(자마이카)

잎이 큰 식물을 두어 통일감을 준다

꽃만큼 감상 가치가 큰 관엽식물을 한 공간에 배치했다. 종류가 다르더라도 잎의 크기와 잎 모양이 비슷하기에 공간의 분위기를 통일하고 안정감을 준다.

추천 식물 파키라, 극락조화, 크로톤

키 큰 식물로 공간을 분리한다

키 큰 식물을 나란히 여럿 두어 자연스럽게 공간을 분리했다. 이때는 잎의 크기와 형태를 통일해주고, 모양은 비슷하지만 크기가 다른 화분을 선택하면 깔끔하다.

추천 식물 극락조화, 드라세나(콤팩타), 대엽홍콩야자, 파키라

식물을 들이다

2020년 7월 1일 3쇄 인쇄

저자	최정윤
펴낸이	문영애
책임편집	이미종
사진	박종혁
디자인	morandi_아름 (@piknic_a)
장소	아늑한 (@aneukhan)
인쇄/출력	도담프린팅
펴낸곳	수작걸다
주소	경기 용인시 수지구 고기로 89
인스타그램	@suzakbook
이메일	suzakbook@naver.com
블로그	blog.naver.com/suzakbook

ISBN 978-89-6993-019-4 13520

이 책은 저작권법에 따라 보호받는 저작물이므로 무단 전재와 무단 복제를 금지하며,
이 책 내용의 전부 또는 일부를 이용하려면 반드시 저작권자와 수작걸다의 서면 동의를 받아야 합니다.

* 제본에 이상이 있는 책은 바꾸어 드립니다.